세상을 밝히는
에머슨 명언
500

지은이 **랄프 왈도 에머슨(Ralph Waldo Emerson, 1803~1882)**

미국의 수필작가, 강연자, 철학자, 노예폐지론자, 시인으로서 19세기 중반에 개인주의를 옹호하며 초월주의 운동을 주도한 인물이다. 그는 세월이 지나면서 종교적·사회적 시각에서 벗어나 초월주의 사상을 갖게 되었다. 미국에서 가장 사랑받는 작가이자 사상가인 그는 평생 1,500회가 넘는 강연을 하고 10여 편 이상의 저술을 발간했는데, 그중에서 1837년에 발간된 《미국의 학자(The American Scholar)》는 '미국의 지적 독립선언서'라고 불린다. 그의 저술과 강연 내용은 수많은 사상가, 작가, 시인들뿐만 아니라 일반인들에게 상당한 영향을 미쳐왔다.
그의 저술은 다음과 같다.
《자연(Nature)》(1836), 《신학부 강연(Divinity College Address)》(1838), 《문학 윤리(Literary Ethics)》(1838), 《미국의 학자(The American Scholar)》(1837), 《자시론(The Method of Nature)》(1841), 《초월주의자(The Transcendentalist)》(1842), 《미국 젊은이(The Young American)》(1844), 《위인이란 무엇인가(Representative Men)》(1849), 《영국인의 특성(English Traits)》(1856), 《브라마(Brahma)》(1857), 《나날(The Conduct of Life)》(1860), 《오월제(May Day and Other Poems)》(1867), 《에세이 1(Essays : First Series)》(1841), 《자기 신뢰(Self-Reliance)》(1841), 《에세이 2(Essays : Second Series)》(1844), 《콩코드 찬송가(Concord Hymn)》(1836), 《로도라(The Rhodora)》(1847)

엮은이 **석필**

언론사에서 잠시 근무한 뒤, 책을 쓰고 번역하는 일을 해왔다. 미루기로 점철된 지난날이 한스럽기만 하다. 뒤늦게나마 미루는 버릇을 차버리고 여생을 열심히 살아볼 작정이다. 책상에 몇 시간을 붙어 앉아 일하니 정신이 건강해지는 것 같고 두려움도 가셨다.
몇 년을 더 일할 수 있을지 모르지만, 모든 에너지를 일에 다 쏟게 되기를 소망한다.
긍정적 사고에 빠져 50년 넘게 살아온 결과, 긍정적 사고가 부정적 사고보다 부작용이 많다는 것을 알게 되었다. 인생에서 가장 중요한 것은 근면이라는 생각을 정리해서 최근에 《긍정아, 너를 믿지 못하겠다》, 《쫄지 마, 더 잘할 수 있어》, 《하드워킹의 기적》를 펴냈다.
저서와 번역서, 대필 작품을 포함 100여 권을 펴냈다.

디자인 **프레임** artha@hanmail.net

막막한 인생길에 빛이 되는 글들!

세상을 밝히는
에머슨 명언
500

랄프 왈도 에머슨 지음 | 석필 편역

창해

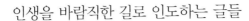

랄프 왈도 에머슨은 현실적 문제뿐만 아니라 영적 영역까지 깊숙이 고찰한, 미국에서 가장 사랑받는 사상가이자 시인이었다. 그의 저작물은 지금도 세계에 큰 영향을 미치고 있다.

이 책은 그의 저작물 가운데 인생을 바람직한 길로 인도하는 글만을 추려서 번역한 것이다.

이 책에는 각자의 마음에 와 닿는 문장이 분명 들어 있다.

우리는 그 문장을 붙들고 살아가야 하는 것이다.

2021년 9월

편역자 석필

차례

Ralph Waldo Emerson

01

발전과 변화

Imitation is
suicide.

모방은 자살행위다.

표적을 맞히기 위해선 표적 위를 조준해야 한다.

We aim above the mark to hit the mark.

우리가 추구하는 것은 찾게 되고,
우리가 피하고자 하는 것은 우리에게서 멀어진다.

That what we seek we shall find: what we flee from
flees from us.

당신 자신을 최대한 활용하는 것이야말로
당신이 할 수 있는 전부다.

Make the most of yourself for that is
all there is of you.

내가 판단하기에 아주 작은 결함이
전체를 망가뜨린다.

The least defect of self-possession vitiates,
in my judgment, the entire relation.

열정은 성공의 가장 강력한 원동력 중 하나다. 어떤 일을
할 때는 온 힘을 쏟아부어라. 전심전력을 기울여라. 당신의
특성을 투입하라. 활동적이고, 활기차고, 열정적이고,
충실하라. 그러면 당신은 목적을 달성하게 될 것이다.

Enthusiasm is one of the most powerful engines of success.
When you do a thing, do it with all your might. Put your
whole soul into it. Stamp it with your own personality. Be
active, be energetic, be enthusiastic and faithful, and you will
accomplish your object.

더 좋은 쥐덫을 만들어라.
그러면 세계는 당신에게 몰려들게 될 것이다.

Build a better mousetrap,
and the world will beat a path to your door.

모방은 자살행위다.

Imitation is suicide.

사람은 준비한 것만큼만 보는 법이다.

People only see what they are prepared to see.

우리는 장수하기를 바라면서도 깊이 있고 의미 있는 고귀한 삶을 살고 싶어 하지는 않는다. 인생의 척도는 영적인 것이지 산술적인 것이 아니다.

We ask for long life, but 'tis deep life, or noble moments that signify. Let the measure of time be spiritual, not mechanical.

모든 인간은 사회가 발전하는 것은
자랑하면서도 자기 자신은 발전시키지 않는다.

All men plume themselves on the improvement of society, and no man improves.

인생을 구별 짓는 것 중 하나는 집중력이다.

The one prudence in life is concentration.

당신이 위대해지면 무례하고
차가운 사람을 변화시킬 수 있다.

Let your greatness educate the crude
and cold companion.

예의범절은 시간을 필요로 하며,
서두르는 것만큼 저속한 것은 없다.

Manners require time, and nothing is
more vulgar than haste.

행운이란 목적을 향한 집념의 또 다른 이름이다.

Good luck is another name for tenacity of purpose.

꿈의 불멸의 목표는 그것이 현실이 되는
것을 보는 것이다.

The invariable mark of a dream is to see it
come true.

당신의 상처는 어느 정도 치유될 수 있지만
가장 아픈 상처는 사라지지 않는다.
당신이 경험하지 못한 악으로 인한 슬픔의
고통을 견뎌야 하는 것이다.

Some of your hurts you have cured,
And the sharpest you still have
survived,
But what torments of grief you
endured From evils which never
arrived.

미련한 일관성은 하찮은 정치인, 철학자, 성직자들이 떠받드는
것으로 생각이 좁은 철부지 어린아이에게나 어울린다. 일관성에
매달리다 보면 위대한 사람일지라도 아무것도 못하게 된다. 그런
사람은 벽에 그림자를 드리우는 자신을 걱정하게 될 것이다.

A foolish consistency is the hobgoblin of little minds,
adored by little statesmen and philosophers and divines.
With consistency a great soul has simply nothing to do. He
may as well concern himself with his shadow on the wall.

힘은 휴식을 취하자마자 멈춰버린다. 힘은 과거에서
새로운 상태로 변하는 과정에서, 소용돌이 물이
쏜살같이 지나갈 때, 목표를 향해 돌진할 때 생기는
법이다.

Power ceases in the instant of repose; it resides in the
moment of transition from a past to a new state, in
the shooting of the gulf, in the darting to an aim.

진정한 영웅주의의 특징은 끈기다.
The characteristic of genuine heroism
is its persistency.

어떤 장인을 평가하는 척도는 주변 사람들이
20년 후에도 그의 말을 경청하는지 여부다.

The measure of a master is his success in bringing all
men round to his opinion twenty years later.

당신에게 좋은 일이 있을 때마다 고마움을
느끼며 계속 감사하다고 말하는 버릇을
길러라. 모든 것이 합하여 당신의 발전에
이바지했다는 점에서 이 세상의 모든 것에
고마워해야 한다.

Cultivate the habit of being grateful for every
good thing that comes to you, and to give
thanks continuously. And because all things have
contributed to your advancement, you should
include all things in your gratitude.

우리는 극복을 통해 강해진다.

We acquire the strength we have overcome.

고속도로에선 모든 것이 잘나간다.

Everything good is on the highway.

영웅은 법을 따지지 않는다. 사람들이 그를
어떻게 대하든 그의 위대함은 빛나게 되어 있고,
그는 끝까지 자신의 사명을 완수할 것이다.

It will never make any difference to a hero what the
laws are. His greatness will shine and accomplish itself
unto the end, whether they second him or not.

나이가 든다고 늙는 것이 아니라
성장하지 못하면 늙게 되는 것이다.

We don't grow old. When we cease to grow,
we become old.

당신이 이미 숙달한 수준 이상의 것을 시도하지
않으면 결코 성장하지 못한다.

Unless you try to do something beyond what you have
already mastered, you will never grow.

세상은 갈 바를 아는 사람을 위해
길을 열어주는 법이다.

The world makes way for the man
who knows where he is going.

거물급 인물이든, 발명가든, 정치가든, 웅변가든, 시인이든,
화가든 진짜로 능력 있는 사람은 어느 분야에서 일하든지
자신에게 솔직한 경우엔 아무리 존경을 받는다 해도 자신이
하는 일이 부족하다고 생각하게 마련이다.

Every really able man, in whatever direction he work, — a man
of large affairs, an inventor, a statesman, an orator, a poet, a
painter, — if you talk sincerely with him, considers his work,
however much admired, as far short of what it should be.

야망 없는 시작은 없다. 일하지 않고는 아무것도 끝낼 수 없고
아무런 소득도 없다. 그래서 성취해야 한다.

Without ambition one starts nothing. Without work one finishes
nothing. The prize will not be sent to you. You have to win it.

기술은 일하면서 연마된다.

Skill to do comes of doing.

누구나 교육을 받다 보면 질시가 무지이고, 모방이
자살이며, 자신의 더 나쁜 점을 만회하기 위해 더
나은 사람이 되어야 한다는 확신이 든다.

There is a time in every man's education when he
arrives at the conviction that envy is ignorance; that
imitation is suicide; that he must take himself for
better for worse as his portion.

사람이 오면 혁명이 오게 되어 있다.

낡은 것을 지키려다가는 노예가 되기 십상이다.

Wherever a man comes, there comes revolution.
The old is for slaves.

당신에 대해 너무 크게 떠들면

당신이 전하려는 말이 내게 들리지 않는다.

Who you are speaks so loudly I can't hear what
you're saying.

과거의 노예가 되지 말라. 숭고한 바다에 뛰어들어
깊이 잠수하여 멀리 헤엄쳐나가라. 그러면 새로운 자존감,
새로운 능력, 과거를 이해하면서 넘겨버릴 수 있는 앞선
경험으로 무장한 채 되돌아오게 될 것이다.

Be not the slave of your own past — plunge into the sublime
seas, dive deep, and swim far, so you shall come back with
new self — respect, with new power, and with an advanced
experience that shall explain and overlook the old.

매일 공포를 극복하지 않는 사람은
삶의 비결을 알지 못한다.

He who is not everyday
conquering some fear has not
learned the secret of life.

우리의 최대 강점은 실패하는 데 있는 게 아니라 실패할
때마다 일어서는 데 있다.

Our greatest strength lies not in never having fallen,
but in rising every time we fall.

인간답게 살고자 한다면 관행을 따르지 말라. 영원한 영예를
추구하는 사람을 선의 잣대로 방해하지 말고 과연 그것이
선한 것인지를 판단해야 한다.

Whoso would be a man must be a nonconformist. He who would
gather immortal palms must not be hindered by the name of
goodness, but must explore if it be goodness.

당신의 운명은 당신이 어떤 사람이 되기로
결심하느냐에 따라 정해진다.

The only person you are destined to become
is the person you decide to be.

새로운 인식을 하게 되면 우리는 보물처럼 쌓여 있는
오래된 쓰레기의 기억을 털어버리게 된다.

When we have new perception, we shall gladly disburden
the memory of its hoarded treasures as old rubbish.

듣는 사람은 행복하고, 말하는 사람은 불행하다.

Happy is the hearing man; unhappy the speaking man.

인생의 목적은 행복해지는 것이 아니다. 당신이 살아서
그리고 잘 살아서 약간의 변화가 일어나게 하는 삶이
쓸모 있고, 명예스럽고, 인정받는 삶이다.

The purpose of life is not to be happy. It is to be useful,
to be honorable, to be compassionate, to have it make
some difference that you have lived and lived well.

우리에게 가장 필요한 것은 우리가 될 수 있다고
믿는 자리에 오르도록 영감을 불어넣는 사람이다.

Our chief want is someone who will inspire us to be
what we know we could be.

모든 사람은 살아가면서 자신에게
결점이 있다는 데 감사할 필요가 있다.

Every man in his lifetime needs to thank his faults.

모든 지나침에는 결함이 생기고, 모든 결함에는
지나침이 있다. 모든 단것에도 신 것이 있고,
모든 악한 것에도 좋은 것이 있다.

Every excess causes a defect; every defect an excess.
Every sweet hath its sour; every evil its good.

모든 전문가가 처음엔 모두 아마추어였다.

Every artist was first an amateur.

힘든 시기는 과학적 가치를 지닌다.
현명한 사람은 이런 기회를 그냥 흘려보내지 않는다.

Bad times have a scientific value.
These are occasions a good learner would not miss.

일을 잘해서 받는 보상은 그것을 끝냈다는 것이다.

The reward of a thing well done is to have done it.

사람은 미루거나 회고할 뿐 현재를 살지
않는다. 하지만 자신이 얼마를 가졌든 상관없이
과거를 뉘우치면서 미래를 내다보기 위해
발돋움하려 한다.

But man postpones or remembers; he does not live in
the present, but with reverted eye laments the past,
or, heedless of the riches that surround him, stands
on tiptoe to foresee the future.

위대한 일은 열정 없이 이루어지지 않는다.

Nothing great was ever achieved without enthusiasm.

성취해야 하는 것들은 이렇다. 자주 그리고 많이 웃는 것, 지성인에게 존경받으면서 어린이들에게는 사랑받는 것, 정직한 비평가들에게 인정을 받으면서 거짓된 친구들의 배신을 견디는 것, 미에 대한 안목이 있으면서 다른 사람들의 장점을 찾는 것, 건강한 아이든 정원 손질이든 사회환경의 개선이든 더 나은 세상을 만드는 것, 당신 덕분에 단 한 사람이라도 숨쉬기가 편해지는 것.

To laugh often and much. To win the respect of intelligent people and the affection of children. To earn the appreciation of honest critics and endure the betrayal of false friends. To appreciate beauty, to find the best in others. To leave the world a bit better, whether by a healthy child, a garden patch or a redeemed social condition. To know even one life has breathed easier because you have lived. This is to have succeeded.

당신이 꿈꾸었던 삶을 살라.
앞으로 나가 당신의 꿈을 이루라.

Dare to live the life you have dreamed for yourself.
Go forward and make your dreams come true.

사람은 안정되기를 바란다.
불안이 지속되는 한 소망도 있는 법이다.

People wish to be settled; only as far as they are
unsettled is there any hope for them.

강함은 약함에서 나온다.

Our strength grows out of our weakness.

우리가 꾸준히 하는 일은 점점 더 쉬워진다.
그것은 그 일의 본질이 변하기 때문이 아니라
그 일을 할 수 있는 힘이 강해지기 때문이다.

That which we persist in doing becomes easier to
do, not that the nature of the thing has changed
but that our power to do has increased.

자연의 속도를 배우라. 자연의 비밀은 인내다.

Adopt the pace of nature: her secret is patience.

02

학문과 지혜

Life is our dictionary.

삶이 바로 우리의 사전이다.

학자는 은둔자이고 허약해서 기술이나 노동에는 적합지
않고, 도끼가 필요한 일에 주머니칼을 들고 나서는
인물이라는 생각이 퍼져 있다. 이른바 실용적인 사람은
사색하는 사람이 생각하고 관찰만 할 뿐 아무것도 할
수 없다는 식으로 조롱한다. 다른 계층보다는 학자에
가까운 성직자를 여성에 비유한다. 성직자는 남자답게
거칠고 적극적인 말 대신 점잔빼면서 알 듯 모를 듯한
말을 한다는 것이다. 그들은 사실상 일상의 권리를
포기하고 금욕생활을 추구한다고 한다. 학자들이 그래야
한다는 것은 옳지도 않고 현명하지도 않다.

There goes in the world a notion, that the scholar should
be a recluse, a valetudinarian, — as unfit for any handiwork
or public labor, as a penknife for an axe. The so-called
'practical men' sneer at speculative men, as if, because they
speculate or see, they could do nothing. I have heard it said
that the clergy, — who are always, more universally than
any other class, the scholars of their day, — are addressed
as women; that the rough, spontaneous conversation of men
they do not hear, but only a mincing and diluted speech.
They are often virtually disfranchised; and, indeed, there
are advocates for their celibacy. As far as this is true of the
studious classes, it is not just and wise.

순간은 압축된 영원이다.

A moment is a concentrated eternity.

나에게 건강과 하루라는 시간을 주면 나는 황제의
화려함을 조롱거리로 만들 수 있다.

Give me health and a day, and I will make the pomp
of emperors ridiculous.

30분도 제대로 사용하지 못하는 사람에게 영생이
무슨 소용이란 말인가?

What would be the use of immortality to a person
who cannot use well a half an hour?

책은 과거의 영향력이 발산되는 가장 좋은 방식이다.
책의 이론은 고귀하다.

Books are the best type of the influence of the past.
The theory of books is noble.

따분한 사람은 기도하는 것처럼 말하지만,
천재는 가벼운 농담 던지듯 말한다.

The dull pray; the geniuses are light mockers.

발간된 지 1년이 되었는데
독자에게 버림받은 책은 읽지 말라.

Never read any book that is not a year old.

지혜로운 자는 자신을 공격하는 자들을 편든다.
그의 약점을 찾는 것이 공격자들보다는
그에게 더 유익하기 때문이다.

The wise man throws himself on the side of his
assailants. It is more his interest than it is theirs to
find his weak point.

희망과 기회로 가득한 오늘은 너무 소중해서
지나갈 일로 소비할 수 없다.

This new day is too dear, with its hopes and
invitations, to waste a moment on the yesterdays.

탐구하고, 탐구하고, 또 탐구하라. 끊임없이 연구하는
자세를 취해 비난이나 농락을 당하지 말라. 당신
스스로 독단적이 되어선 안 되지만 타인의 독단주의도
인정하지 말라. 1에이커의 땅, 집이나 헛간을 차지하는
별 볼일 없는 안락을 위해 별빛 영롱한 진실의 사막을
건널 권리를 왜 포기해야 한단 말인가? 진실에도
지붕이 있고, 침실이 있고, 식탁이 있는데 말이다.

Explore, and explore, and explore. Be neither chided nor
flattered out of your position of perpetual inquiry. Neither
dogmatise yourself, nor accept another's dogmatism. Why
should you renounce your right to traverse the star-lit
deserts of truth, for the premature comforts of an acre,
house, and barn? Truth also has its roof, and bed, and
board.

삶이 바로 우리의 사전이다.

Life is our dictionary.

1분간 화를 내면, 60초간 행복을 잃게 된다.

For every minute you are angry you lose
sixty seconds of happiness.

사람은 준비하느라, 판에 박힌 일을 하느라, 과거를
회상하느라 많은 시간을 소비한다. 천재성을 발휘하는
시간은 얼마 되지 않는다.

So much of our time is spent in preparation, so much in
routine, and so much in retrospect, that the amount of
each person's genius is confined to a very few hours.

어떤 사실도 나에게 신성하지 않고, 어떤 것도
불경스럽지 않다. 나는 그저 그 누구도 시도한 적 없는
것을 찾는 집요한 탐구자로서 실험을 할 뿐이다.

No facts are to me sacred; none are profane; I simply
experiment, an endless seeker with no past at my back.

책을 많이 읽는 사람의 미래는 창창하다.

Many times the reading of a book
has made the future of a man.

오늘은 변장한 모습의 왕이다.

Today is a king in disguise.

세계인이 되었다는 표식으로 허례허식이 없다는 것을 들 수 있다. 세계인은 억지로 말을 만들지 않고 낮은 비즈니스 톤으로 말하며, 모든 자랑을 피하는 평범한 사람으로 옷을 검소하게 입고 전혀 약속을 하지 않으며, 많은 것을 실천하되 말은 단순명료하게 하면서 진실을 포용한다.

The mark of the man of the world is absence of
pretension. He does not make a speech; he takes a
low business-tone, avoids all brag, is nobody, dresses
plainly, promises not at all, performs much, speaks in
monosyllables, hugs his fact.

당신만의 바이블을 만들라. 당신이 독서하는 동안 트럼펫처럼
심장을 울리는 글이나 문장을 뽑아서 한데 모으라.

Make your own Bible. Select and collect all the words and
sentences that in all your readings have been to you like
the blast of a trumpet.

나는 과거에 대해 할 수 있는 것이 하나도 없다.
미래에 대해서도 할 수 있는 것이 전혀 없다.
그저 지금을 살 뿐이다.

With the past, I have nothing to do;
nor with the future. I live now.

지혜의 결정판은 일에 쏟은 시간은
결코 허비되지 않는다는 것이다.

The sum of wisdom is that time is
never lost that is devoted to work.

여가 시간을 소중하게 생각하라. 여가 시간은
가공하지 않은 다이아몬드 원석이어서
그 가치를 알 수 없다. 잘 다듬으면
일상에서 가장 빛나는 귀한 보석이 될 것이다.

Guard well your spare moments. They are like uncut
diamonds. Discard them and their value will never
be known. Improve them and they will become the
brightest gems in a useful life.

지혜의 말을 너무 많이 배우면 바보가 된다.

The wise through excess of wisdom is made a fool.

오늘처럼 좋고 적절한 날은 없다.
희망과 매력으로 가득한 오늘은 매우 소중해서
한순간도 어제의 일로 허비해선 안 된다.

This day is all that is good and fair. It is too dear,
with its hopes and invitations, to waste a moment on
the yesterdays.

위대한 사람을 찾는 것은 젊은이의 꿈이고,
성인에게는 가장 진지한 의무다.

The search after the great men is the dream of youth,
and the most serious occupation of manhood.

소년은 스케이트 타는 법, 썰매 타는 법, 개울에서 물고기 잡는
법, 눈 뭉치나 돌멩이로 목표물을 맞히는 방법 등을 배우길
원한다. 그러다가 나이가 들어가면서 그 방법에 대한 과학을
배우려 한다.

The boy wishes to learn to skate, to coast, to catch a fish in the
brook, to hit a mark with a snowball or a stone: and a boy a little
older is just as well pleased to teach him these sciences.

불온서적으로 불태워진 책이야말로
세상을 밝히는 책이다.

Every burned book enlightens the world.

세심한 눈으로 관찰하면 1년의 순간순간에
나름대로 아름다움이 있고, 같은 분야에서도
매 순간 전에는 볼 수 없고 다시는 볼 수 없는
그림이 스쳐간다는 것을 알 수 있다.

To the attentive eye, each moment of the year
has its own beauty, and in the same fields, it
beholds, every hour, a picture which was never
seen before, and which shall never be seen again.

나는 내가 평생 먹은 식사보다 내가 읽은 책에
대해 기억하는 것이 없다. 그런데도 그 책들이
나를 만들었다.

I cannot remember the books I've read any more
than the meals I have eaten; even so, they have
made me.

어려운 것을 쉽게 만들 줄 아는 사람이 교육자다.

The man who can make hard things easy is the educator.

참다운 학자가 되는 비결? 그것은 내가 만나는 모든 사람이
어떤 분야의 장인이고, 그래서 그에게 배운다는 것이다.

Shall I tell you the secret of the true scholar? It is this: Every man
I meet is my master in some point, and in that I learn of him.

인간은 의심하기를 좋아한다.
이러한 자세가 과학의 씨앗이다.

Men love to wonder,
and that is the seed of our science.

담배, 커피, 알코올, 해시시, 청산,
스트리크닌의 중독성은 그리
강하지 않다. 가장 확실하게 인간을
중독시키는 것은 시간이다.

Tobacco, coffee, Alcohol,
hashish, prussic acid, strychnine
are weak dilutions. The surest
poison is time.

최상의 문명권에서 책은 가장 큰 기쁨을 주는 존재다.
책에서 만족감을 느끼는 사람에게는 난관에 대처할
자원이 제공된다.

In the highest civilization, the book is still the highest
delight. He who has once known its satisfactions is
provided with a resource against calamity.

학자는 자유로운 사람이어야 한다. 자유와 용기를
갖추어야 하며, 특히 용감한 사람이어야 한다.
학자가 학문을 하려면 공포를 뒤로 밀어놓아야
한다. 공포는 보통 무지에서 생겨나는데… 공포의
막을 뚫고 볼 수 있는 사람만이 세상에서 우뚝
서게 되는 것이다.

Free should the scholar be, — free and brave…
Brave: for fear is a thing, which a scholar by his very
function puts behind him. Fear always springs from
ignorance… The world is his, who can see through its
pretension.

위대한 사람은 과감하게 인용한다. 좋은 단어가 떠오를
정도의 기억만 유지되어도 자신이 이미 썼던 문장에
의존하지 않는다.

A great man quotes bravely, and will not draw on his invention
when his memory serves him with a word just as good.

우리는 책을 너무 정중하게 대한다. 몇 줄의 황금
같은 문장을 찾기 위해 책장을 넘기다 보면 500여
쪽을 읽게 된다.

We are too civil to books. For a few golden sentences
we will turn over and actually read a volume of four
or five hundred pages.

어떤 책은 우리가 고통을 느끼지 않도록 자유롭게
놔두고, 또 어떤 책은 우리가 고통을 겪더라도
자유를 찾게 인도한다.

Some books leave us free and some books make us
free.

우리가 각자 배우고 싶은 것을 가르치는 자연스러운
방법을 버리고, 그 대신 당신이 흥미 없고 자질도 없는
것을 배워야 한다는 주장으로 대학에서 학문에 대한
자연스러운 사랑을 어떻게 좌절시키는지 보라.

See in college how we thwart the natural love of learning
by leaving the natural method of teaching what each
wishes to learn, and insisting that you shall learn what
you have no taste or capacity for.

즐거운 마음으로 공부해야 할 대학이 혐오스럽고
불건전한 곳이 되고 말았다. 젊은 학생들이 시시한
오락거리에 유혹되어 피곤함에 찌든 영혼을
끌어모으고 있다.

The college, which should be a place of delightful labour,
is made odious and unhealthy, and the young men are
tempted to frivolous amusements to rally their jaded
spirits.

학교와 대학에서 가르치는 것은 교육이 아니라 다만
교육의 방법일 뿐이다.

The things taught in schools and colleges are not an
education, but the means to an education.

학문은 충동이 아니라 지식에 대한 순수한
흥미를 일깨움으로써 창출된다. 지혜로운 스승은
공부의 매력을 학생들에게 알려주어 이 목적을
달성한다. 성적을 매기는 것은 고등학교까지만 하고
대학에서는 하지 않는 것이 좋다. 미성년자가 아닌
성인에게는 어울리지 않는다. 교수에게 성적을
매기라는 것은 무례한 일이다.

Scholarship is to be created not by compulsion,
but by awakening a pure interest in
knowledge. The wise instructor accomplishes
this by opening to his pupils precisely the
attractions the study has for himself. The
marking is a system for schools, not for the
college: for boys, not for men: and it is an
ungracious work to put on a professor.

인생은 너무 짧아서 허비하면 안 된다.
누군가가 비판하거나 조롱을 하고
싸움을 걸어오거나 질책을 해와도
머지않아 날은 어두워질 것이다.
일어나라! 너의 목표를 정하고,
전속력으로 달려가는 거야!

Life is too short to waste.
The critic bite or cynic bark,
Quarrel, or reprimand:
'Twill soon be dark:
Up! mind thine own aim, and
God speed the mark!'

세월은 날들이 알지 못하는 것들을
많이 가르쳐준다.

The years teach much which
the days never know.

하루하루가 일 년 중
최고의 날이라고 가슴에 쓰라.

Write it on your heart that every day is
the best day in the year.

03

행동과 자립

Be silly.
Be honest.
Be kind.

어리석어라. 정직해라. 친절해라.

행동은 학자에겐 부차적인 것이지만 반드시 필요하다. 행동하지 않고는 참다운 인간이 될 수 없다. 행동하지 않고는 생각을 진리로 발전시킬 수 없다. 세상은 아름다움이 뭉친 구름처럼 우리 눈앞에 펼쳐져 있지만, 우리는 그 아름다움을 보지 못한다. 행동하지 않는 것은 비겁하다. 따라서 영웅적인 마음이 없다면 학문을 이룰 수 없다. 사고의 시작은 행동이며, 무의식에서 의식으로 변화되는 과정이다. 나는 사는 것만큼만 알게 된다. 우리는 누구의 말에 인생이 실려 있는지, 실려 있지 않은지 즉각적으로 안다.

Action is with the scholar subordinate, but it is essential. Without it, he is not yet man. Without it, thought can never ripen into truth. Whilst the world hangs before the eye as a cloud of beauty, we cannot even see its beauty. Inaction is cowardice, but there can be no scholar without the heroic mind. The preamble of thought, the transition through which it passes from the unconscious to the conscious, is action. Only so much do I know, as I have lived. Instantly we know whose words are loaded with life, and whose not.

가장 두렵게 느껴지는 것이야말로 반드시
이행해야 할 것이다.

What we fear doing most is usually
what we most need to do.

건강은 첫 번째 영감의 여신이다.
수면은 건강의 조건이다.

Health is the first muse, and sleep is
the condition to produce it.

위대한 사람과 나라들은 허풍을 떨지 않고
익살도 부리지 않는다. 그들은 삶의 공포를
인지하고 그 공포와 맞서는 방향으로 나간다.

Great men, great nations, have not
been boasters and buffoons, but
perceivers of the terror of life, and
have manned themselves to face it.

인간에게 가장 높고 완벽한 덕목인
자립이야말로 신에게 의존하는 것이다.

Self-reliance, the height and perfection of man,
is reliance on God.

우리는 자립하기를 원한다. 우리는 주는 사람을
완전히 용서하지는 않는다. 우리를 먹여주는 손은
물릴 위험이 있다.

We wish to be self-sustained. We do not quite forgive
a giver. The hand that feeds us is in some danger of
being bitten.

우리가 굴복하지 않는 한
모든 악은 우리에게 도움이 된다.

In general, every evil to which
we do not succumb is a benefactor.

진실된 행동은 그 자체로 설명되고, 그로 인해
다른 진실된 행동들도 설명된다. 행동이 통일성을
유지한다면 설명이 필요 없다.

Your genuine action will explain itself, and will explain
your other genuine actions. Your conformity explains
nothing.

용기가 있으면 모든 것이 새로운 얼굴을 갖게 된다!

What a new face courage puts on everything!

반지와 보석은 보물이 아니다. 그저 보물을
대변하는 물건일 뿐이다. 진짜 보물은 당신 자신의
일부일 뿐이다. 당신은 자신을 위해 피 흘리는
싸움을 해야 한다.

Rings and jewels are not gifts, but apologies for gifts.
The only gift is a portion of thyself. Thou must bleed
for me.

우리가 끈질기게 추구해야 할 것은 우리
자신을 잊는 것, 자신의 관행에 대해 놀라는
것, 영원한 기억을 잊는 것, 방법과 이유를
생각지 말고 뭔가를 하는 것, 즉 새로운 활동
영역을 그리는 것이다.

The one thing which we seek with
insatiable desire is to forget ourselves,
to be surprised out of our propriety,
to lose our sempiternal memory and
to do something without knowing how
or why; in short to draw a new circle.

어리석어라. 정직해라. 친절해라.

Be silly. Be honest. Be kind.

영웅이라고 해서 보통 사람보다 용감한 것은 아니다.
보통 사람들보다 5분 정도 더 용감했을 뿐이다.

A hero is no braver than an ordinary man,
but he is brave five minutes longer.

삶의 길은 멋지다. 삶은 내맡기는 것이다. 역사의
위대한 순간은 천재의 업적과 종교처럼 아이디어의
힘을 믿고 실행한 결과다.

The way of life is wonderful. It is by
abandonment. The great moments of history
are the facilities of performance through the
strength of ideas, as the works of genius and
religion.

내일 일을 하기 전 오늘의 일을 끝내라. 잠을
자고 나면 새 일을 해야 한다. 자제력이 없이는
이렇게 할 수 없다.

Finish each day before you begin the next, and
interpose a solid wall of sleep between the two.
This you cannot do without temperance.

생각은 꽃이고, 말은 새싹이고, 행동은 과일이다.

Thought is the blossom; language the bud; action the
fruit behind it.

한 입으로 두말하지 말고
당신의 신조를 행동으로 옮기라.

Go put your creed into the deed,
nor speak with double tongue.

우리의 지적 능력과 활동 능력은 열정으로 성장한다. 글을
쓰는 학자가 평생 명상을 한다고 해서 위대한 사상이
생기거나 행복한 표정을 짓게 되는 것은 아니다. 대신
친구에게 편지를 쓰다 보면 정제된 일단의 사고가 정제된
단어로 세밀하게 표현되는 법이다.

Our intellectual and active powers increase with our
affection. The scholar sits down to write, and all
his years of meditation do not furnish him with one
good thought or happy expression; but it is necessary
to write a letter to a friend, and, forthwith, troops
of gentle thoughts invest themselves, on every hand,
with chosen words.

순응하는 사람이 되면 자신의 많은 영역을 포기해야 한다.

A man must consider what a rich realm he abdicates
when he becomes a conformist.

누군가에게 필요한 사람이 돼라.
그 누구도 힘들게 하지 말라.

Make yourself necessary to somebody.
Do not make life hard to any.

용기는 자기 회복력 때문에 생긴다.

Valor consists in the power of self recovery.

어떤 화가가 나에게 말했다. 그 어떤 사람도 나무가 되어보지
않고선 나무를 그릴 수 없고, 체격만 보고 어린이를 그릴 수
없다. 시간을 내서 어린이의 동작과 노는 장면을 지켜보며 그
아이의 마음속으로 들어가야 그제야 그가 어떤 태도를 보이든
그릴 수 있다.

A painter told me that nobody could draw a tree without in some
sort becoming a tree; or draw a child by studying the outlines
of its form merely… but by watching for a time his motions and
plays, the painter enters into his nature and can then draw him at
every attitude.

매일 마무리하고 끝내라. 당신은 할 수 있는 일을 다 했다.
물론 실수와 어리석은 짓도 했을 것이다. 그런 것은 빨리
잊어버려라. 내일은 새날이다. 낡은 허튼소리에 휘둘리지 말고
용기를 내서 원만하고도 차분하게 시작하는 것이다.

Finish each day and be done with it. You have done what you
could. Some blunders and absurdities, no doubt crept in. Forget
them as soon as you can, tomorrow is a new day; begin it well
and serenely, with too high a spirit to be cumbered with your old
nonsense.

당신을 지켜주는 최고의 피뢰침은 당신의 용기다.

The best lightning rod for your protection is your own spine.

살얼음판에서 물에 빠지지 않고
스케이팅하는 방법은 스피드를 내는 것이다.

In skating over thin ice our safety is in our speed.

지금 무엇을 할지 안다면, 모든 시기에도 그렇지만,
지금처럼 좋은 시기가 없다.

This time, like all times, is a very good one, if we but
know what to do with it.

일을 하라. 그러면 힘을 얻게 될 것이다.

Do the thing and you will have the power.

용기는 우리를 매료시킨다. 용기를 통해 인간이 지구상의 모든
것보다 아이디어를 더 사랑하고, 자신의 잠자리·식사·돈이
아니라 마음속의 보이지 않는 생각을 실행하기 위해 모든
것을 쏟아붓는다는 사실을 알 수 있기 때문이다.

Courage charms us, because it indicates that a man loves an idea
better than all things in the world, that he is thinking neither of
his bed, nor his dinner, nor his money, but will venture all to put
in act the invisible thought of his mind.

인생에서의 지적 즐거움은 몸을 움직이는 실행을
앞서지 못한다.

Intellectual tasting of life will not supersede muscular
activity.

무엇을 하더라도 용기가 필요하다. 당신이 어떤
결정을 내리든 그 결정이 잘못되었다고 말하는
사람은 꼭 있다. 그렇게 비판하는 사람이 옳았다고
믿고 싶게 만드는 난관은 반드시 생기게 마련이다.
실행 계획을 짜서 끝까지 이행하려면 군인의 용기가
필요하다. 평화는 승리를 통해 얻지만, 승리를
쟁취하려면 용감해야 한다.

Whatever you do, you need courage. Whatever course
you decide upon, there is always someone to tell
you that you are wrong. There are always difficulties
arising that tempt you to believe your critics are right.
To map out a course of action and follow it to an
end requires some of the same courage that a soldier
needs. Peace has its victories, but it takes brave men
and women to win them.

세상에서 가치 있는 것을 하나 들라면
행동하는 영혼이다.

The one thing in the world, of value,
is the active soul.

가장 중요한 재산은 건강이다.

The first wealth is health.

비명을 질러대는 것이 논문을 쓰는 것보다
나을 때가 있다.

Sometimes a scream is better than a thesis.

길이 이어질 수 있는 곳으로 가지 말고 길이 없는
곳으로 가서 흔적을 남겨라.

Do not go where the path may lead, go instead where
there is no path and leave a trail.

하나님은 겁쟁이들에게는 당신의 계획을 보이지
않으신다. 언제나, 언제나, 언제나, 언제나, 언제나
당신이 두려워하는 것을 해야 한다. 당신이
두려워하는 것을 해라. 그러면 공포가 소멸한다.

God will not have his work made manifest by cowards.
Always, always, always, always, always do what you
are afraid to do. Do the thing you fear and the death
of fear is certain.

가장 발전된 나라는 가장 탐험을 많이 하는
나라다.

The most advanced nations are always those who
navigate the most.

건강을 챙겨라! 건강을 얻을 수 있다면 어떤 노동,
절제, 가난, 운동도 아깝지 않다.

I will say, get health. No labor, pains, temperance,
poverty, nor exercise, that can gain it, must be
grudged.

병에 걸리면 영혼이 약해져서 누구에게도 도움이 되지 않는다.
제대로 살려면 재산이 있어야 한다. 건강과 부유함만으로
목적은 그 나름대로 달성된 셈이다. 이웃과 물질적인 어려움에
처한 사람들을 구하고, 찾아가고, 또 충만케 해야 한다.

Sickness is poor-spirited, and cannot serve anyone; it must
husband its resources to live. But health or fullness answers
its own ends, and has to spare, runs over, and inundates the
neighborhoods and creeks of other men's necessities.

당신의 행동에 따라 보상받는다는 진리에서
벗어날 수 있다고 생각지 말라.

Do not believe that possibly you can escape the
reward of your action.

담대한 젊은이가 덩치 큰 불량배에게 다가가 용감하게
그의 수염을 틀어쥐었다. 그랬더니 그 수염이 툭
떨어졌다. 그 수염은 겁쟁이 호사가를 쫓기 위해
붙여놓은 것에 불과했다.

When a resolute young fellow steps up to the great bully,
the world, and takes him boldly by the beard, he is often
surprised to find it comes off in his hand, and that it was
only tied on to scare away the timid adventurers.

당신의 선행에는 한계가 있어야 한다.
그렇지 않으면 그 선행은 아무 의미가 없다.

Your goodness must have some edge to it — else
it is none.

의심과 두려움에 삶을 낭비하지 말라. 현재의 의무를 올바로 실행하는 것이 지금과 미래를 위한 최선의 준비라는 확신 아래 당장 해야 할 일에 집중하라.

Don't waste life in doubts and fears; spend yourself on the work before you, well assured that the right performance of this hour's duties will be the best preparation for the hours and ages that will follow it.

좋은 생각을 행동으로 옮기지 않는다면
그저 좋은 꿈에 불과하다.

Good thoughts are no better than good dreams, unless they be executed.

음악은 가장 깊은 곳을 건드려 모든 병을 치료하는 다정다감한 언어이다.

The music that can deepest reach, and cure all ill, is cordial speech.

한 개의 도토리가 1천 개의 숲을 만든다.

The creation of a thousand forests is in one acorn.

완전한 사람에게는 자신의 존재를 드러내기 위한
보조자가 필요하지 않다.

A complete man should need no auxiliaries to his
personal presence.

젊은이를 대상으로 한 소중한 충고를 들은 바
있다. 그것은 "네가 하기 두려워하는 것을 항상
하도록 하라"는 것이었다.

It was a high counsel that I once heard given to a
young person. — "always do what you are afraid
to do".

잘못된 기도엔 후회가 포함된다. 불만은 자기 신뢰의 결핍, 즉 의지의 허약에서 비롯된다. 불행을 후회해서 고통받는 자를 도울 수 있다면 그렇게 하라. 그렇지 않다면 당신의 일에 집중하라. 그러면 나쁜 것이 시정되기 시작할 것이다. 우리의 동정은 천박하다. 우리는 바보처럼 울고 있는 사람들에게 다가가 전기 쇼크처럼 강한 충격으로 진실을 전해주어 건강한 사람으로 만들기보다는 그 옆에 앉아서 따라 운다. 행복의 비밀은 우리의 손에 달렸다. 신과 사람들은 스스로 돕는 사람을 반긴다. 그런 사람에게는 문이 활짝 열려 있다. 모든 사람이 그를 환영하며 그의 머리에 왕관을 씌워주고, 부러운 눈으로 바라본다.

Another sort of false prayers are our regrets. Discontent is the want of self-reliance: it is infirmity of will. Regret calamities, if you can thereby help the sufferer; if not, attend your own work, and already the evil begins to be repaired. Our sympathy is just as base. We come to them who weep foolishly, and sit down and cry for company, instead of imparting to them truth and health in rough electric shocks, putting them once more in communication with their own reason. The secret of fortune is joy in our hands. Welcome evermore to gods and men is the self-helping man. For him all doors are flung wide: him all tongues greet, all honors crown, all eyes follow with desire.

상식과 평범한 거래보다 인간을 놀라게 하는 것은 없다.

Nothing astonishes men so much as common sense and
plain dealing.

나는 땅속에 묻힌 금덩어리를 찾아내는 것처럼 내가 스스로
수고하지 않고 재물을 얻기를 원치 않는다. 그런 불로소득이
새로운 짐을 안겨준다는 사실을 알기 때문이다.

I no longer wish to meet a good I do not earn, for example, to
find a pot of buried gold, knowing that it brings with it new
burdens.

범죄를 저질러 부자가 된 것 같은 느낌이 들지는 모르겠지만,
벌집에 해를 끼치는 벌에게는 결코 좋은 일이 있을 수 없다.

No matter how you seem to fatten on a crime, there can never
be good for the bee which is bad for the hive.

이미 마친 일은 쓸모가 있지만 말만 오간 것은 쓸모없다.

The thing done avails, and not what is said about it.

친절을 너무나 빨리 베풀었다는 말은 존재하지 않는다. 너무
늦은 순간이 얼마나 빨리 올지 모르기 때문이다.

You cannot do a kindness too soon, for you never know how soon
it will be too late.

1온스어치의 행동은 1톤어치의 이론보다 가치 있다.

An ounce of action is worth a ton of theory.

가장 순수한 의미에서 지나친 사랑, 과한 지식,
도를 넘는 아름다움은 있을 수 없다.

There can be no excess to love; none to knowledge;
none to beauty, when these attributes are considered
in the purest sense.

고독은 평범한 사람을 보호해주고 자기 자신에게
엄격한 사람을 천재로 만들어준다.

Solitude, the safeguard of mediocrity, is to genius the
stern friend.

•

정성을 다해 일해서 가장 좋게 끝낸 사람은 안심이
되면서 기분이 좋지만, 말만 하거나 그렇지 않게
끝낸 사람에게는 평화가 없다.

A man is relieved and gay when he has put his heart
into his work and done his best; but what he has said
or done otherwise, shall give him no peace.

'욕구'는 '가짐'이라는 코트로는 결코 다 덮을 수
없도록 점점 커지는 거인이다.

Want is a growing giant whom the coat of have was
never large enough to cover.

행동만으로 그 사람을 판단해야 한다. 우리에게는 동기, 성격,
비밀스러운 것을 알아낼 능력이 없다. 우리는 열매를 보고
나무를 좋다 하고, 업적을 보고 사람을 평가하는 법이다.

It is the duty of men to judge men only by their actions. Our
faculties furnish us with no means of arriving at the motive, the
character, the secret self. We call the tree good from its fruits,
and the man, from his works.

우리는 항상 살 준비만 하지 정작 살지는 않는다.

We are always getting ready to live but never living.

세상은 활동적인 사람의 손 안에 있다.

This world belongs to the energetic.

민음은 순간적으로 생기지만 악행은 습관적이다.

Our faith comes in moments; our vice is habitual.

04

비전과 창의성

생각은 행동의 씨앗이다.

상상력은 일부 사람의 재능이 아니라
모든 사람의 활력이다.

The imagination is not a talent of some men
but is the health of every man.

사람은 자신의 마음속에 품고 있는 것을 남에게서 찾는다.

Each of us sees in others what we carry in our own hearts.

눈을 보면 그 사람의 영혼의 흔적을 볼 수 있다.

The eyes indicate the antiquity of the soul.

모든 진실된 예술 작품은
지구와 태양만큼이나 존재 이유가 있다.

Every genuine work of art has as much reason
for being as the earth and the sun.

과학은 상상력 때문에 자신이
존재한다는 것을 알지 못한다.

Science does not know its debt to
imagination.

대학은 우리를 훈련시키는 것이 아니라 창조력을
키워주는 데 큰 목적을 둔다. 대학은 다양한 천재들이
발산하는 모든 빛을 끌어모아 개방된 강의실에
집어넣고, 불꽃을 집중적으로 피워 젊은이의 마음을
뜨겁게 할 때만 가치가 있다.

Colleges… can only highly serve us, when they aim not
to drill, but to create; when they gather from far every
ray of various genius to their hospitable halls, and, by the
concentrated fires, set the hearts of their youth on flame.

천재는 종교적이다.

Genius is religious.

내가 아닌 다른 사람들은 렌즈다.
우리는 그 렌즈를 통해 우리의 마음을 본다.

Other men are lenses through which we read
our own minds.

상상력과 분별력은 동시에 충족되지 않는다.

The imagination and the senses cannot be
gratified at the same time.

멋지고, 우아하고, 훌륭하고, 세련되고, 매력적이라도
상상력을 더하지 않으면 아름답다고 할 수 없다.

Things are pretty, graceful, rich, elegant, handsome, but,
until they speak to the imagination, not yet beautiful.

인성은 지성보다 위에 있다. 위대한 영혼은 힘이
있어서 생각하게 할 뿐만 아니라 살아서 남게 된다.

Character is higher than intellect. A great soul will be
strong to live, as well as strong to think.

모든 사람에겐 소명이 있다. 재능이 바로 소명이다.
한 방향으로 공간이 활짝 열려 있다.

Each man has his own vocation; his talent is his call.
There is one direction in which all space is open to him.

영웅이 어떻게 이 일 저 일을 하느냐가 중요한 것이
아니라 그가 어떤 사람인가가 중요하다.

'Tis not important how the hero does this or that,
but what he is.

모방하지 말고 당신의 주체성에 매달려라. 평생 배양해 축적된 힘으로 매 순간 보일 수 있는 당신만의 능력. 다른 사람의 재능을 모방하면 절반의 능력만 발휘하게 되어 임시변통적인 일만 하게 될 뿐이다.

Insist on yourself; never imitate. Your own gift you can present every moment with the cumulative force of a whole life's cultivation; but of the adopted talent of another, you gave only an extemporaneous, half possession.

영웅이 보통 사람이 될 수 없는 것과 마찬가지로
보통 사람은 영웅이 될 수 없다.

The heroic cannot be the common,
nor the common the heroic.

나는 누구인가? 그리고 무엇인가? 새롭게 타오르되
절대 꺼지지 않는 호기심으로 인간의 영혼에 물어보라.

What am I? And what is? Asks the human spirit with a
curiosity new-kindled, but never to be quenched.

사람은 추호의 의심도 없이 뭔가를 숭배한다.
우리는 우리의 헌신이 우리 마음의 어둡고 은밀한
곳에서 비밀스럽게 보상받는다고 생각할 수도
있지만, 결국 밖으로 드러나는 법이다. 우리의
상상과 사고를 지배하는 것이 바로 우리의 삶과
성격을 결정한다. 우리가 경배하는 것이 무엇이냐에
따라 우리가 그렇게 된다는 점에서 우리는 경배의
대상에 대해 신중해야 한다.

A person will worship something, have no doubt about
that. We may think our tribute is paid in secret in the
dark recesses of our hearts, but it will come out. That
which dominates our imaginations and our thoughts
will determine our lives, and our character. Therefore,
it behooves us to be careful what we worship, for what
we are worshipping, we are becoming.

건강은 지혜의 조건인데,

개방적이고 고상한 인격을 갖춘 쾌활함이 그 증거다.

Health is the condition of wisdom,

and the sign is cheerfulness — an open and noble temper.

꿈속에서 당신이 무엇을 하는지로 당신의 본성을 판단하라.

Judge of your natural character by what you do in your dreams.

그가 원하는 대로 가게 내버려두어라. 그는 자신이 감당할 수

있을 만큼만 아름다움과 가치를 찾게 될 것이다.

Let him go where he will, he can only find so much beauty or

worth as he carries.

살면서 만나는 모든 사람이 어떤
면에선 나보다 뛰어나다. 나는 그
사람에게서 배우는 바가 있다.

In my walks, every man I meet
is my superior in some way,
and in that I learn from him.

당신의 생각을 믿으라. 다른
사람들의 주장을 반복하지 말라.
나는 인용문을 싫어한다. 당신이
아는 것을 말하라.

Stay at home in your mind.
Don't recite other people's
opinions. I hate quotations.
Tell me what you know.

천재는 고상하게 신세를 진다. 셰익스피어가 그에 대해
글을 쓰는 작가들에게 도움을 받았다는 말이 들릴 때, 시인
월터 새비지 랜더(Walter Savage Landor, 1775~1864)는
"셰익스피어는 그의 창작물보다 창조적이다. 그가 죽은 몸에
숨을 불어넣으면 그것들이 다시 살아난다"고 말했다.

Genius borrows nobly. When Shakespeare is charged
with debts to his authors, Landor replies: "Yet he
was more original than his originals. He breathed
upon dead bodies and brought them into life."

.

힘들지 않았을 때가 언제인지, 돈이 부족하지 않았을 때가
언제인지 기억할 사람이 있을까?

Can anybody remember when the times were not hard
and money not scarce?

좋은 심벌은 최고의 논쟁이며, 수천 명을 설득하는 선교사다.

A good symbol is the best argument,
and is a missionary to persuade thousands.

조상들이 나의 기막힌 생각을 깡그리 도둑질했다.

All my best thoughts were stolen by the ancients.

인생은 그 사람이 온종일 무엇을
생각하느냐로 결정된다.

Life consists of what man is
thinking about all day.

우리는 우리가 해야 할 일을 하면서 우리가 붙일
수 있는 가장 좋은 이름을 붙여 부른다.

We do what we must, and call it by
the best names we can.

모든 행동의 조상은 생각이다.

The ancestor of every action is a thought.

하나님이 말씀하셨다. "너는 즐거움을 누리거나 능력을
갖추게 될 것이다. 두 가지를 다 가질 수는 없다."

You shall have joy, or you shall have power,
said God; you shall not have both.

모방자는 절망적인 평범함으로 자신을 파멸시킨다.
발명가가 발명을 하는 것은 발명이 자신의
천성에 맞는 매력을 갖고 있기 때문이다.

The imitator dooms himself to hopeless mediocrity.
The inventor did it because it was natural to him,
and so in him it has a charm.

좋은 문장을 작성한 사람 옆에는
그것을 처음으로 인용할 사람이 대기하고 있다.

Next to the originator of a good sentence is
the first quoter of it.

세상에서 공포처럼 인간을 좌절시키는 것은 없다.

Fear defeats more people than any other one thing in
the world.

같은 세상이라도 마음이 다르면 지옥으로
받아들여지기도 하고 천국으로 받아들여지기도 한다.

To different minds, the same world is a hell, and a
heaven.

위대한 사람은 영혼이 물질보다 강하다는 것과
생각이 세상을 지배한다는 것을 아는 사람이다.

Great men are they who see that spiritual is stronger
than any material force, that thoughts rule the world.

당신이 마음먹은 바를 조심하라.
마음을 먹으면 그대로 된다.

Beware what you set your heart upon.
For it surely shall be yours.

새로운 아이디어에 의해 늘어난 생각은
다시는 원래의 크기로 돌아오지 않는다.

The mind, once stretched by a new idea,
never returns to its original dimensions.

방법은 수백만 가지가 있지만 원리는 몇 개 안 된다.
원리를 이해한 사람은 자신만의 방법을 성공적으로
선택할 수 있지만, 원리를 무시하고 방법만을
추구하는 사람은 난관에 봉착하게 될 것이다.

As to methods there may be a million and then some,
but principles are few. The man who grasps principles can
successfully select his own methods. The man who tries
methods, ignoring principles, is sure to have trouble.

그 사람이 어떤 사람이냐는 그가 하루 종일
무슨 생각을 하느냐로 정해진다.

A man is what he thinks about all day long.

당신의 마차를 별에 매달아라.

Hitch your wagon to a star.

어떤 사람이 팔 수 있는 양질의 옥수수, 나무나 판자 또는
가축을 갖고 있거나 다른 사람들보다 더 좋은 의자 또는 칼,
도가니, 교회용 오르간을 만들 수 있다면, 설사 그 사람의
집이 산림 속에 있더라도 그 집까지는 넓고 튼튼한 도로가
연결되어 있을 것이다.

If a man has good corn or wood, or boards, or pigs to sell, or
can make better chairs or knives, crucibles or church organs,
than anybody else, you will find a broad hard-beaten road to his
house, though it be in the woods.

위대한 사람이 존재하는 것은 그보다 더 위대한
사람들이 존재할 가능성이 있기 때문이다.

Great men exist that there may be greater men.

한발 앞서 나간 독창적인 문장 하나는 모든 비판을
합친 것보다 가치 있다.

An original sentence, a step forward, is worth more
than all the censures.

문학은 자신의 조건 중에서 바람직하지 못한
것들에 대해 자신에게 책임을 묻지 않으려는
노력이다.

Literature is the effort of man to indemnify himself
for the wrongs of his condition.

당신이 남들보다 잘할 수 있는 것이 있게 마련이다.
내면의 목소리에 귀를 기울여 용감하게 그대로 행하라.
당신의 재능에 어울리지 않는 일이 아니라
당신이 가장 잘할 수 있는 일을 하라.

There is something which you can do better than another.
Listen to the inward voice and bravely obey that. Do the
things at which you are great, not what you were never
made for.

시는 거품처럼 새로워야 하고 바위처럼 오래되어야 한다.

Poetry must be new as foam, and as old as the rock.

생각은 행동의 씨앗이다.

Thought is the seed of action.

우리는 필요해서, 성향에 맞아서, 또 마음에 들어서
남의 글이나 말을 인용한다. 사실, 남의 생각을
원래의 의도대로 사용하기는 어렵다.

By necessity, by proclivity, and by delight, we all
quote. In fact, it is as difficult to appropriate the
thoughts of others as it is to invent.

공포는 위대한 지혜를 가르치는 선생이자 모든 혁명의 선구자다. 공포는 자신이 등장하면 부패가 있다는 것을 가르친다. 공포는 부패한 고기를 찾는 까마귀다. 인간은 공포가 무엇을 노리는지 알지 못하지만 그 곁에는 죽음이 도사리고 있다. 인간의 본성은 소심하고, 법률도 소심하고, 지식인도 소심하다. 정부와 재산에 대한 공포가 오랫동안 지속되면서 줄어들기도 하고 사람들의 입에 오르기도 한다. (공포라는) 역겨운 새는 아무런 이유 없이 존재하는 것이 아니다. 공포는 시정되어야 할 잘못을 지적한다.

Fear is an instructor of great sagacity and the herald of all revolutions. One thing he teaches, that there is rottenness where he appears. He is a carrion crow, and though you see not well what he hovers for, there is death somewhere. Our property is timid, our laws are timid, our cultivated classes are timid. Fear for ages has boded and mowed and gibbered over government and property. That obscene bird is not there for nothing. He indicates great wrongs which must be revised.

당신에게 주어진 일을 하라.

그러면 당신은 너무 많은 것을 바라거나

너무 많은 것을 감히 할 수 없게 된다.

Do that which is assigned you,

and you cannot hope too much or

dare too much.

문제들에 휘둘리지 말고 꿈이 당신을 이끌게 하라.

Don't be pushed by your problems. Be led by your dreams.

05
자아와 자기 신뢰

Self-command is
the main elegance.

자기통제는 주된 품위다.

당신 자신 외에는 아무것도 당신에게 평화를 가져다주지
못한다. 원칙을 준수하는 것 외에 아무것도 당신에게 평화를
가져다주지 못한다.

Nothing can bring you peace but yourself. Nothing can bring you
peace but the triumph of principles.

모든 사람이 그런 것처럼 남을 위해 사는 것은
쉽다. 당신은 당신을 위해 살아야 한다.

It is easy to live for others, everybody does.
I call on you to live for yourself.

사람은 시인과 철학자들의 머리에 비치는
광채보다는 자신의 내면에서 비치는 빛을 찾아내서
거기에 주목해야 한다. 하지만 사람은 자신의
것이라는 이유만으로 주저 없이 그 생각을 버린다.

A man should learn to detect and watch that gleam
of light which flashes across his mind from within,
more than the lustre of the firmament of bards and
sages. Yet he dismisses without notice his thought,
because it is his.

이유가 생각나지 않더라도 본능을 끝까지 믿어야 한다.
서둘러도 소용없다. 끝까지 본능을 의지하면 본능이 진리가
되면서 당신이 왜 본능을 믿어야 하는지를 깨닫게 된다.

Trust the instinct to the end, though you can render no reason.
It is vain to hurry it. By trusting it to the end it shall ripen into
truth, and you shall know why you believe.

홀로 내면에서부터 흘러나오는 속삭임을 듣지 않고
탁월하거나 영향력 있는 업적을 남기는 사람은 없다.

None of us will ever accomplish anything excellent or
commanding except when he listens to this whisper
which is heard by him alone.

자아를 자신의 본능에 확고하게 심어놓고 그 안에
머물면, 거대한 세상이 펼쳐지게 된다.

If the single man plant himself indomitably on his
instincts, and there abide, the huge world will come
round to him.

태양이나 바다처럼 유익한 존재가 되어야 한다.
하지만 이성적인 존재로서 당신의 권리를 지키려 한다면
그 권리의 제일선에서 죽을 각오를 해야 한다.

Be as beneficent as the sun or the sea,
but if your rights as a rational being are trenched on,
die on the first inch of your territory.

자기 신뢰가 성공의 가장 중요한 비결이다.

Self-trust is the first secret of success.

자기통제는 주된 품위다.

Self-command is the main elegance.

사람은 자신이 가는 길에
모든 것이 있는 것처럼 느낀다.

As long as a man stands in his own way,
everything seems to be in his way.

식인종의 신은 식인종이고, 십자군의 신은 십자군이고,
상인의 신은 상인이다.

The god of the cannibals will be a cannibal, of
the crusaders a crusader, and of the merchants
a merchant.

인간은 자기 자신을 위해 존재하는 것이지 국가에
노동력을 더하기 위해 존재하는 것이 아니다.

Man exists for his own sake and not to add a
laborer to the state.

다른 사람들을 생각하기 전에 자신부터 생각하라.

We must be our own before we can be
another's.

성공은 모든 올바른 단계를 밟는다. 믿을 수 있는 직관은 나에게 내 생각을 형제에게 털어놓으라고 재촉한다. 그렇게 하면 내 마음속의 비밀을 접하게 되고, 그로 인해 모든 사람의 생각의 비밀을 알게 된다는 것을 깨닫는다.

Success treads on every right step. For the instinct is sure, that prompts him to tell his brother what he thinks. He then learns, that in going down into the secrets of his own mind, he has descended into the secrets of all minds.

믿음은 영혼의 긍정을 받아들이되 그것을 부인하는 불신을 거부하는 데 있다.

Belief consists in accepting the affirmations of the soul; Unbelief, in denying them.

위대한 사람은 자신에겐 기회가 오지 않는다고 절대 불평하지 않는다.

No great man ever complains of want of opportunity.

혼자 있을 때 들리는 목소리가
있다. 하지만 우리가 세상에 나가면
그 목소리는 점차 희미해져 결국엔
들리지 않게 된다.

These are the voices which we hear
in solitude, but they grow faint and
inaudible as we enter into the world.

대개 신중하지 못한 사람이 옮겨 다니기를
좋아한다. 당신은 어떤 사람이기에 집에 붙어 있을
이유가 없다는 것인가?

For the most part, only the light characters travel.
Who are you that have no task to keep you at home?

건강에서 가장 중요한 것은 좋은 성품이다. 좋은
성품은 재능보다 중요한데, 심지어 재능이 꼭 필요한
일을 하는 경우에도 그러하다.

The best part of health is fine disposition. It is more
essential than talent, even in the works of talent.

아무리 훌륭한 배라도 항해 도중 이리저리 방향을
바꾸기 때문에 지그재그 모양으로 운항하게 된다.
충분한 거리를 두고 배가 지나간 물길을 바라보면 한
방향으로 움직이는 직선 형태를 나타낼 것이다.

The voyage of the best ship is a zigzag line of a hundred
tacks. See the line from a sufficient distance, and it
straightens itself to the average tendency.

나는 다른 사람이 생각하는 것이 아니라 나와 관련된 일을
해야 한다. 실제 생활과 지적 생활에서 똑같이 힘든 이 규칙은
위대함과 비열함을 전체적으로 구분하는 역할을 한다.

What I must do is all that concerns me, not what the people
think. This rule, equally arduous in actual and intellectual life, may
serve for the whole distinction between greatness and meanness.

신중함은 감각의 미덕이요, 현상의 과학이요, 내면의
삶이 가장 밖으로 드러나는 행동이다.

Prudence is the virtue of the senses. It is the science of
appearances. It is the outmost action of the inward life.

우리는 세상에서 혼자 걷는다. 우리가 바라는
친구는 꿈과 우화뿐이다.

We walk alone in the world. Friends, such as we
desire, are dreams and fables.

망하는 상황에서는 자신의 정직성을
지키려는 사람이 없다.

In failing circumstances no one can be
relied on to keep their integrity.

사람은 누구라도 혼자 있을 때는 진실하다.
그러다가 두 번째 사람이 나타나면서부터는
위선이 발동한다. 우리는 칭찬, 험담, 오락, 일로
동료를 피하고 또 막는다. 우리는 우리의 생각을
백 번이나 둘둘 말아서 그가 알지 못하게 한다.

Every man alone is sincere. At the
entrance of a second person, hypocrisy
begins. We parry and fend the approach
of our fellow-man by compliments, by
gossip, by amusements, by affairs. We
cover up our thought from him under a
hundred folds.

남자는 어머니의 손에 의해 만들어진다.

Men are what their mothers made them.

마음속에 숨어 있는 확신을 소리 내어 말하라. 그러면 그것이 보편적인 의미를 갖게 될 것이다. 때가 되면 마음속 가장 깊숙한 곳에 있던 것이 겉으로 드러나므로 최후의 심판을 알리는 나팔소리가 울리면 우리가 처음 가졌던 생각이 우리에게 되돌아온다.

Speak your latent conviction, and it shall be the universal sense; for the inmost in due time becomes the outmost, — and our first thought is rendered back to us by the trumpets of the Last Judgment.

"너 자신에게 순종하라"는 위대한 금욕적 원칙이 내 마음속에 숭고함이 용솟음치게 한다.

The sublime is excited in me by the great stoical doctrine, obey thyself.

사람의 지혜는 그 사람이 어떤 희망을 품고 있느냐로 평가받는다.

We judge of man's wisdom by his hope.

아무 말도 하지 말라. 당신이 어떤
사람이냐가 줄곧 당신 앞에 서서 큰
소리를 낸다. 따라서 당신이 반대의
소리를 낸다 해도 들리지 않는다.

Do not say things. What you are
stands over you the while, and
thunders, so that I cannot hear
what you say to the contrary.

천재는 앞을 바라본다. 사람의 눈은 뒤통수가 아니라
이마에 있다. 보통 사람은 희망하고, 천재는 창조하다.

But genius looks forward. The eyes of men are set in his
forehead, not in his hindhead. Man hopes. Genius creates.

힘이 없는 지식은 없다.

There is no knowledge that is not power.

지성이 뛰어난 사람을 만나면 무슨 책을 읽는지
물어봐야 한다.

If we encounter a man of rare intellect, we should ask him
what books he reads.

우리는 우리 자신을 반밖에 표현하지 못하면서
우리 각자의 신성한 아이디어를 부끄러워한다.

We but half express ourselves, and are ashamed of
that divine idea which each of us represents.

우리 각자는 누군가에게 영웅이면서
신이 보낸 사자(使者)다.

Each man is a hero and an oracle to somebody.

천 개의 별에서 한 줄기 빛이 비친다. 하나의 영혼이
모든 사람에게 활력을 불어넣는다.

It is one light which beams out of a thousand stars. It
is one soul which animates all men.

자신을 포기하는 사람이 자신을 알게 된다.

The man who renounces himself, comes to himself.

당신 자신을 믿어라. 심장은
(그 믿음이라는) 쇠줄에 따라
움직인다.

Trust thyself: every heart
vibrates to that iron string.

교육의 비밀은 학생을 존중하는 데 있다. 당신은 학생이
무엇을 알게 되고, 무엇을 하게 될지를 결정하지 않는다.
그러한 것은 선택되고 예정되었다. 학생은 다만 자신의 비밀을
여는 열쇠를 가지고 있을 뿐이다.

The secret of education lies in respecting the pupil. It is not for
you to choose what he shall know, what he shall do. It is chosen
and foreordained and he only holds the key to his own secret.

당신이 숭배하는 신이 당신의 얼굴에 자신의
이름을 쓴다. 당신의 얼굴에 신의 사인이 있는지
확인하라.

The Gods we worship write their names on our faces;
be sure of that.

내가 부인될 때마다 처벌을 받는다고 생각하는
저속한 실수에 빠지지 말자.

Let me never fall into the vulgar mistake of dreaming
that I am persecuted whenever I am contradicted.

세상의 의견을 따라 살기는 쉽다. 자신의 생삭을
따라 홀로 사는 것도 쉽다. 하지만 위대한 사람은
군중 속에서도 혼자만의 달콤한 독립성을 고수한다.

It is easy in the world to live after the world's opinion;
it is easy in solitude to live after our own; but the great
man is he who in the midst of the crowd keeps with
perfect sweetness the independence of solitude.

세상이 통일되지 않고 분열되어 끼리끼리 모여 있는 것은
사람이 자기 자신으로부터 분리되어 있기 때문이다.

The reason why the world lacks unity, and lies broken and in
heaps, is, because man is disunited with himself.

불신은 비용이 매우 많이 든다.

Our distrust is very expensive.

나는 나여야 한다. 나는 당신을 위해 나를
망가뜨릴 수 없다. 당신도 마찬가지로 그래야
한다. 당신이 있는 그대로의 나를 사랑한다면
우리는 더 행복해질 것이다. 그러지 않는다면
마땅히 누려야 할 가치를 찾아 나서게 될 것이다.

I must be myself. I cannot break myself
any longer for you, or you. If you can love
me for what I am, we shall be the happier.
If you cannot, I will still seek to deserve
that you should.

우리 내면에 있는 것에 비하면 우리 뒤와 앞에 있는 것들은 하잘것없다.

What lies behind us and what lies before us are tiny matters compared to what lies within us.

마음의 생각은 그 무엇이라도 위대하다. 영혼이 중요하다는 말은 항상 옳다.

What your heart thinks is great, is great. The soul's emphasis is always right.

사는 것만큼만 믿는다는 것은 이해할 수 없다.

'Tis curious that we only believe as deeply as we live.

다른 사람의 시선을 개의치 않으려 노력한다면
결국 그렇게 될 수 있을 것이다.

Always scorn appearances, and you always may.

저 지평선 위에는 주인이 없는 벌판이 펼쳐져 있다. 시인은
눈으로 모든 것을 결합할 수 있는 능력이 있다.

There is a property in the horizon which no man has but he
whose eye can integrate all the parts, that is, the poet.

시는 몇 개의 단어만으로도 엄청난 힘이
발휘된다는 것을 가르쳐준다. 따라서 영감을
얼마나 얻느냐에 따라 단어의 많고 적음을
점검해야 한다.

Poetry teaches the enormous force of a few
words, and, in proportion to the inspiration,
checks loquacity.

모든 책은 하나의 인용문이다. 모든 집은 모든
숲, 모든 자원, 모든 채석장의 인용문이다. 모든
사람은 자기 조상님들의 인용문이다.

Every book is a quotation; and every house
is a quotation of all forests, and mines,
and stone quarries; and every man is a
quotation of his ancestors.

순간을 끝내는 것, 여로의 종착점을 찾는 것,
최대한 긴 시간을 잘 보내는 것이 지혜다.

To finish the moment, to find the journey's
end in every step of the road, to live the
greatest number of good hours, is wisdom.

끊임없이 당신을 다른 무엇으로 만들려는
세상에서 당신의 본분을 지키는 것이야말로 가장
큰 성취다.

To be yourself in a world that is constantly
trying to make you something else is the
greatest accomplishment.

지혜의 불변의 목표는 평범함에서 기적을 보는
것이다.

The invariable mark of wisdom is to see the
miraculous in the common.

위대함보다 더 단순한 것은 없다. 사실 단순한
것이 위대한 것이다.

Nothing is more simple than greatness; indeed, to
be simple is to be great.

스스로 돕지 않고는 진심으로 다른 사람을 도울 수 없다는
것이 인생에서 가장 아름다운 혜택의 하나다.

It is one of the most beautiful compensations of life, that no man
can sincerely try to help another without helping himself.

자기 신뢰는 영웅주의의 핵심이다. 그것은 전쟁에 임하는
영혼의 상태다. 그것의 목적은 거짓과 잘못에 대한 마지막
저항이며, 모든 사악한 것들로 인한 고통을 견디게 해주는
힘이다. 그것은 진리를 대변하면서 관대하고, 친절하며,
온화하고, 얄팍한 계산을 조롱하며, 조롱받은 것을
조롱하는 것이다.

Self-trust is the essence of heroism. It is the
state of the soul at war, and its ultimate objects
are the last defiance of falsehood and wrong,
and the power to bear all that can be inflicted
by evil agents. It speaks the truth, and it is just,
generous, hospitable, temperate, scornful of petty
calculations, and scornful of being scorned.

주체성 있는 사람이 되어라. 다른 사람을 따라
하지 말고 당신이 가장 잘할 수 있는 것을 하라.

Be yourself; no base imitator of another, but your
best self.

세상이 극히 사소한 것들로 당신을 괴롭히려는
음모를 꾸미는 것으로 여겨질 때가 있다. 친구,
고객, 어린이, 질병, 공포, 궁핍, 자선이 한데
뭉쳐 벽장문을 두드리며 "밖으로 나와 우리와
함께하자"고 말한다. 하지만 자신의 주관을 지켜서
혼돈에 빠지지 않아야 한다.

At times the whole world seems to be in conspiracy
to importune you with emphatic trifles. Friend, client,
child, sickness, fear, want, charity, all knock at once
at thy closet door and say, — 'Come out unto us.'
But keep thy state; come not into their confusion.

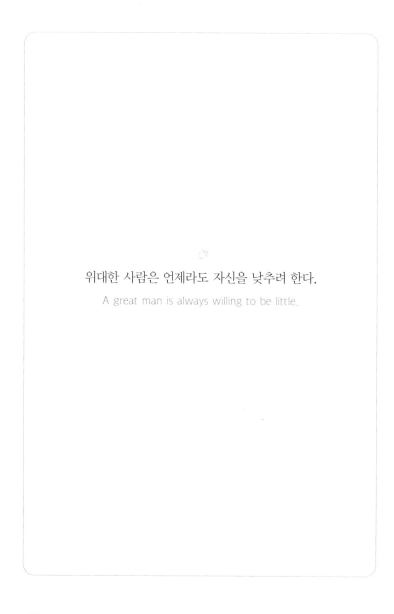

위대한 사람은 언제라도 자신을 낮추려 한다.

A great man is always willing to be little.

06

아름다움과 행복

표현 없는 아름다움은 지루하다.

아름다움은 필요성에 전적으로 의존한다.

아름다움은 완벽한 경제적 관념의 결과다. 벌집의
방들은 가장 적은 왁스로도 가장 튼튼하게 버틸 수
있는 각도로 지어지고, 새의 골격과 깃은 최소한의
무게로 겨드랑이에서 가장 강력한 힘을 발휘하게
지어졌다. 미켈란젤로는 "아름다움은 불필요한 것을
제거하는 것"이라 말했다. 수사적으로 말하자면,
생략의 예술이야말로 능력의 가장 위대한 비밀이다.
단적으로 말해 가장 위대한 이슈들을 가장 단순하게
말하는 것이 수준 높은 문화다.

Beauty rests on necessities. The line of beauty is the
result of perfect economy. The cell of the bee is built at
that angle which gives the most strength with the least
wax; the bone or the quill of the bird gives the most alar
strength, with the least weight. "It is the purgation of
superfluities," said Michelangelo… In rhetoric, this art of
omission is a chief secret of power, and, in general, it is
proof of high culture, to say the greatest matters in the
simplest way.

품위를 갖추지 못한 아름다움은 미끼가 없는
낚싯바늘과 다름없다.

Beauty without grace is the hook without the bait.

친구에게 잠자리를 제공하는 집은 행복하다

Happy is the house that shelters a friend.

우리는 단순한 것을 아름답다고 한다. 아름다움에는
불필요한 것 없이 목적하는 바에 정확히 맞아떨어지는
것밖에 없다. 아름다움은 모든 것들과 관련이 있으면서
넘치지도 부족하지도 않다. 아름다움은 가장 오래 지속되는,
가장 고차원의 자질이다.

We ascribe beauty to that which is simple; which has no
superfluous parts; which exactly answers its end; which stands
related to all things; which is the mean of many extremes.
It is the most enduring quality, and the most ascending quality.

잘 살고, 많이 배우고, 자주 웃고, 많이 사랑하라.

Live well, learn plenty, laugh often, love much.

시인, 화가, 조각가, 음악가, 건축가는 각자 세상의
빛을 한쪽으로 집중시키고, 자신들의 작업으로
미(美)에 대한 사랑을 충족시켜나가면서 앞으로 더
생산할 수 있도록 자극을 받는다.

The poet, the painter, the sculptor, the musician, the
architect, seek each to concentrate this radiance of
the world on one point, and each in his several work
to satisfy the love of beauty which stimulates him to
produce.

마음이 여유롭지 않으면 재산은 더러운 거지다.

Without a rich heart, wealth is an ugly beggar.

결혼은 세상이 시작된 이래 집에 있으면 밖에 나가고 싶고, 밖에 있으면 집에 들어가고 싶은 것과 같지 않을까?

Is not marriage an open question, when it is alleged, from the beginning of the world, that such as are in the institution wish to get out, and such as are out wish to get in?

하나님의 속삭임을 들을 수 있도록 정숙합시다.

Let us be silent, that we may hear the whisper of God.

하나님은 각 사람의 개인적인 문을 통해 그 사람에게 들어가신다.

God enters by a private door into every individual.

한 시대의 종교는 다음 세대에선 문학적 오락거리다.

The religion of one age is the literary entertainment of the next.

나는 우리의 대중신학이 원리가 아니라 올바름으로
그것이 변질시킨 미신들을 극복했다고 생각한다.
그러나 인간은 그들의 신학보다 낫다.

I think that our popular theology has gained in decorum,
and not in principle, over the superstitions it has displaced.
But men are better than their theology.

종교의 진보는 도덕성에 따라 서서히 정체성을 찾게 된다.
도덕적 요소가 중요해지는 것만큼 힘을 얻게 된다.

The progress of religion is steadily to its identity with morals.
Strength enters just as much as the moral element prevails.

종교에서는 자신의 믿음과 다른 사람들의 믿음의
차이에 주목하지만, 학문에서는 인간의 모든
종교에서의 공통점과 정체성을 찾는다.

In the matter of religion, people eagerly fasten their
eyes on the difference between their own creed and
yours; whilst the charm of the study is in finding
the agreements and identities in all the religions of
humanity.

인간은 무한한 영혼이며, 땅과 하늘이 우리
마음속으로 흘러가며, 우리가 하나님의 영혼을
영원토록 마신다는 것을 얼마나 많은 교회가,
얼마나 많은 예언자가 우리에게 말해주고 있단
말인가?

In how many churches, by how many prophets, tell
me, is man made sensible that he is an infinite Soul:
that the earth and heavens are passing into his mind:
that he is drinking forever the soul of God?

아름다움에는 일반적인 성격의 아름다움,
얼굴의 아름다움, 체형의 아름다움, 매너의
아름다움, 두뇌의 아름다움, 방법의 아름다움,
도덕적 아름다움, 영혼의 아름다움까지 많은
종류가 있다.

There are many beauties: as, of general
nature, of the human face and form,
of manners, of brain, or method, moral
beauty, or beauty of the soul.

과학을 두려워하는 종교는 신을 모욕히고 자살한다.

The religion that is afraid of science dishonors God and
commits suicide.

종교는 올바로 행하는 것이요, 사랑하는 것이요,
봉사하는 것이요, 생각하는 것이요, 겸손해지는 것이다.

Religion is to do right. It is to love, it is to serve,
it is to think, it is to be humble.

하나님과 동행하는 삶을 살면 하나님의 목소리가
시냇물이 졸졸 흐르는 소리처럼, 옥수수 잎이 서로
부딪쳐 바스락거리는 소리처럼 들리게 된다.

When a man lives with God, his voice shall be as sweet as
the murmur of the brook and the rustle of the corn.

내가 본 모든 것은 내가 보지 못한 모든 것에 대해
창조자를 믿으라고 가르쳐준다.

All I have seen teaches me to trust the creator for
all I have not seen.

권위를 토대로 한 믿음은 믿음이 아니다.
권위에 대한 의존은 종교의 쇠퇴, 영혼의 후퇴의 척도다.
오랜 세월 동안 인간이 예수님에게 드린 자리는
권위의 자리였던 것이다.

The faith that stands on authority is not faith. The reliance on
authority measures the decline of religion, the withdrawal of
the soul. The position men have given to Jesus, now for many
centuries of history, is a position of authority.

진실되고 영구적인 승리는 전쟁 없는 평화다.

The real and lasting victories are those of peace and
not of war.

슬픔은 뒤를 보고, 걱정은 주변을
둘러보며, 믿음은 위를 쳐다본다.

Sorrow looks back, worry looks
around, faith looks up.

기쁨을 뿌려라.

Sprinkle joy.

> 우리는 아름다움에 몰입되지만 그것을 똑바로 볼
> 수 있는 눈이 없다.
>
> We are immersed in beauty, but our eyes have no
> clear vision.

산책하는 방법을 아는 사람은 별로 없다. 산책에
필요한 자질은 인내, 편한 의상, 길들인 신발, 자연을
관찰하는 눈, 유머, 호기심, 좋은 언변, 적절한 침묵
그리고 말을 많이 하지 않는 것이다.

Few people know how to take a walk. The qualifications
are endurance, plain clothes, old shoes, an eye for nature,
good humor, vast curiosity, good speech, good silence
and nothing too much.

표현 없는 아름다움은 지루하다.

Beauty without expression is boring.

나는 당신에게 이런 것들이 따라주었으면 한다.
어려운 시기의 느긋함, 슬플 때의 미소, 구름을
따라기는 무지개, 당신의 입술에 키스하고픈
충동이 들게 하는 웃음, 당신의 마음을 따뜻하게
해주는 석양, 낙심할 때의 포옹, 당신의 눈에 비치는
아름다움, 당신을 빛나게 해주는 우정, 당신이
신뢰할 수 있는 믿음, 의심이 들 때의 확신, 자신을
아는 용기, 진리를 인정하기까지의 인내, 당신의
삶을 완벽하게 해주는 사랑.

This is my wish for you: Comfort on difficult
days, smiles when sadness intrudes, rainbows
to follow the clouds, laughter to kiss your
lips, sunsets to warm your heart, hugs when
spirits sag, beauty for your eyes to see,
friendships to brighten your being, faith so
that you can believe, confidence for when you
doubt, courage to know yourself, patience to
accept the truth, love to complete your life.

고통이 아닌 기쁨을 주변에 퍼뜨리고 싶어 할 때의 얼굴,
자세 또는 행동처럼 아름다운 것은 없다.

There is no beautifier of complexion, or form, or behavior,
like the wish to scatter joy and not pain around us.

나는 삽을 들고 정원에 들어가 화단을 파는 동안,
내 손으로 해야 할 일을 다른 사람들에게 시키는
기만적인 행동을 해왔다는 사실을 깨달으면서
기쁨과 건강함을 느끼게 된다.

When I go into the garden with a spade, and dig
a bed, I feel such an exhilaration and health that I
discover that I have been defrauding myself all this time
in letting others do for me what I should have done
with my own hands.

진심으로 기뻐하며 영적으로 풍성해진다. 영적인 즐거움은
건강의 지표인데, 모든 건강 지표는 온화하다.

Whenever you are sincerely pleased, you are nourished. The joy
of the spirit indicates its strength. All healthy things are sweet-
tempered.

아름다움을 찾기 위해 세계 여행을 한다 할지라도 아름다움을
지니지 않으면 결코 아름다움을 찾을 수 없다.

Though we travel the world over to find the beautiful, we must
carry it with us, or we find it not.

나는 깊이가 있는 것은 거룩하다고 믿는다.
나를 기쁘게 하는 것이라면, 내 마음이 지시하는
것이라면 그 무엇이라도 해와 달 앞에서
적극적으로 할 것이다.

I will so trust that what is deep is holy, that I will
do strongly before the sun and moon whatever only
rejoices me, and the heart appoints.

사람은 자기가 가진 대로 행동한다.
희망적인 일에는 어떻게 행동하고
두려움에는 어떻게 대처할까? 인간은
내면에 자신만의 능력을 갖추고
있다. 사람은 실체가 있는
것이 아니라 자신 속에 있으면서
그가 생존하는 동안 그의 몸 밖으로
분출되는 것을 신뢰해야 한다. 재산은
여름의 나뭇잎처럼 왔다가 사라진다.
무한한 생산성의 찰나적 증거인 재산은
바람에 흩어진다.

What a man does, that he has. What has
he to do with hope or fear? In himself is
his might. Let him regard no good as solid
but that which is in his nature, and which
must grow out of him as long as he exists.
The goods of fortune may come and go like
summer leaves; let him scatter them on every
wind as the momentary signs of his infinite
productiveness.

신의 섭리가 당신을 위해, 당신이 속한 사회를 위해,
세상일들의 연관성을 위해 준비한 토대를 받아들여야 한다.
위대한 사람들은 항상 그렇게 한다.

Accept the place the divine providence has found for you, the
society of your contemporaries, the connection of events. Great
men have always done so.

아름다움은 하나님의 손글씨다. 아름다운 것이라면
그 무엇이라도 볼 수 있는 기회를 놓치지 말라.

Never lose an opportunity of seeing anything beautiful,
for beauty is God's handwriting.

행복은 자신에게 먼저 뿌리지 않고서는 남들에게
뿌릴 수 없는 향수 같은 것이다.

Happiness is a perfume you cannot pour on others
without getting some on yourself.

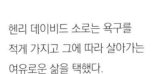

헨리 데이비드 소로는 욕구를
적게 가지고 그에 따라 살아가는
여유로운 삶을 택했다.

On Henry David Thoreau: He
chose to be rich by making
his wants few, and supplying
them himself.

당신이 일단 결정을 내리면,
우주는 그것이 실현되도록
용기를 불어넣는다.

Once you make a decision,
the universe conspires to
make it happen.

좋은 소식은, 당신이 믿도록 배운 것보다는 아는 것이 더 중요하다고 결정하는 순간 당신이 풍요로움을 추가하는 쪽으로 방향을 바꾸게 된다는 것이다. 성공은 내면에서 오는 것이지 아무것도 없는 데서 오는 것이 아니다.

The good news is that the moment you decide that what you know is more important than what you have been taught to believe, you will have shifted gears in your quest for abundance. Success comes from within, not from without.

나는 예배 시작 전의 고요한 교회가 설교보다 더 좋다.

I like the silent church before the service begins, better than any preaching.

돈을 벌려고 지나치게 많은 희생을 하는 경우가 흔하다.

Money often costs too much.

우리가 어떤 사람에게 온정을 베풀 만큼 그 사람은 축복을
받았고 우리는 그만큼 순수할 수 있을까? 어떤 사람이 정겹게
느껴지면 나는 이미 행복이라는 목표에 도달한 것과 마찬가지다.

Can another be so blessed, and we so pure, that we
can offer him tenderness? When a man becomes dear
to me, I have touched the goal of fortune.

우리는 우리 발로 걸을 것이고, 우리
손으로 일할 것이고, 우리의 생각을
말할 것이다. 인간으로 구성된 나라가
처음으로 존재하게 되는 것은 개개인이
모든 인간은 신성(神性)으로부터
영감을 받는다고 믿기 때문이다.

We will walk on our own feet; we
will work with our own hands;
we will speak our own minds…
A nation of men will for the first
time exist, because each believes
himself inspired by the Divine Soul
which also inspires all men.

부자는 하루를 온전히 소유한 사람이다. 초조와
걱정을 허용하면 하루를 누릴 수 없다.

He is rich who owns the day, and no one owns the
day who allows it to be invaded with fret and anxiety.

저렇게 사랑스러운 아이는 없다. 하지만 엄마는 아이가
잠들면 그렇게 좋을 수가 없다.

There never was a child so lovely, but his mother was glad to get
him asleep.

만일 별들이 천 년에 단 하룻밤만 빛을 내야 한다면 사람들은
어떻게 하나님 나라의 기념물을 믿고, 경탄하며, 또 후대를
위해 기억해서 전해줄 수 있단 말인가.

If the stars should appear one night in a thousand years, how
would men believe and adore, and preserve for many generations
the remembrance of the city of God which had been shown.

진실을 말하면 모든 자연과 영혼이
예상치 못한 방법으로 당신을 돕는다.

Speak the truth, and all nature
and all spirits help you with
unexpected furtherance.

세상이 필요로 하는 사람이 돼라. 그러면 사람들이
당신에게 빵을 줄 것이다. 그 빵을 보관할 수
없더라도 모든 사람들의 손에 들려 있는, 모든
사람들의 마음속에 담겨 있는, 예술과 자연과
희망 속에 저장되어 있는 당신의 재산을 빼앗길 리
없는 것이다.

Make yourself necessary to the world, and mankind
will give you bread, and if not store of it, yet such
as shall not take away your property in all men's
possessions, in all men's affections, in art, in nature,
and in hope.

나는 더 이상 물질, 명예, 권력, 하인 같은 겉으로
드러난 소유를 원하지 않는다. 소유가 명백하면
세금도 확실하게 부여되기 때문이다.

I do not wish more external goods, — neither
possessions, nor honors, nor powers, nor persons.
The gain is apparent: the tax is certain.

생각을 짜내느라 너무 애쓰지 말고,
어디서든 당신의 일을 하도록 하라.

Do not craze yourself with thinking,
but go about your business anywhere.

07

자연의 가르침

자연은 독점과 예외를 싫어한다.

지구는 꽃으로 웃는다.

The earth laughs in flowers.

자연은 항상 (인간의) 영혼의 색깔을 입는다.

Nature always wears the colors of the spirit.

별에 대해서 말하자면, 매일 밤 미의 사절로 등장해 교훈이
있는 미소로 우주를 밝히는 존재다.

On stars: Every night come out these envoys of beauty, and light
the universe with their admonishing smile.

자연은 체계적이어서 자기가 맡은 바를 훌륭하게 이행한다.
시간은 결코 서두르는 법이 없다.

Nature is methodical, and doeth her work well. Time is never to
be hurried.

인간은 파멸의 신이다. 인간이 욕심 없는 마음을 가지면
생명은 더 오래 지속될 것이고, 꿈에서 깨어날 때처럼
부드럽게 영생으로 들어가게 될 것이다.

A man is a god in ruins. When men are innocent, life shall be
longer and shall pass into the immortal, as gently as we awake
from dreams.

항상 간단한 방법으로 일하는 자연으로부터 교훈을
얻자. 열매는 익으면 떨어지게 마련이다.

Let us draw a lesson from nature, which always works by
short ways. When the fruit is ripe, it falls.

가장 큰 수수께끼는 우리가 나무를 보면서
경이로움을 발견하지 못한다는 사실이다.

The greatest wonder is that we can see these trees
and not wonder more.

자연의 힘은 심지어 순수미술에서, 물리적·외적인
환경을 고려하는 모든 행위에서 인간의 의지를
지배한다. 자연은 가장 뛰어난 그림을 그리게 하며,
가장 멋진 조각을 만들게 하며, 가장 아름다운 집을
짓게 하며, 가장 훌륭한 연설을 하게 한다.

The power of Nature predominates over the human will
in all works of even the fine arts, in all that respects
their material and external circumstances. Nature paints
the best part of the picture, carves the best part of the
statue, builds the best part of the house, and speaks
the best part of the oration.

이슬 한 방울 속에 지구가 들어 있다.

The world globes itself in a drop of dew.

별은 항상 존재하지만 접근할 수 없어 경외심을 일깨워준다.
그러나 모든 자연은 인간의 마음이 그들에게 열려 있을 때만
그에 어울리는 기분을 느끼게 해준다.

The stars awaken a certain reverence, because though always
present, they are inaccessible; but all natural objects make a
kindred impression, when the mind is open to their influence.

자연의 좋은 것은 모두 영적이다. 가슴과 머리가
따라주는 노동을 하면 자연이 주는 선물을 받을 수
있을 것이다.

All the good of nature is the soul's, and may be had,
if paid for in nature's lawful coin, that is, by labor
which the heart and the head allow.

충분히 어두워야 별을 볼 수 있다.

When it is dark enough, you can see the stars.

눈이 건강해지려면 지평선을 바라보라. 충분히 멀리 볼 수 있는 한 우리는 결코 피곤하지 않다.

The health of the eye seems to demand a horizon. We are never tired, so long as we can see far enough.

일몰은 새로운 새벽을 약속한다.

Every sunset brings the promise of a new dawn.

자연은 독점과 예외를 싫어한다.

Nature hates monopolies and exceptions.

자연의 하나하나에는 자연의 모든 능력이 들어 있다. 모든 것은 하나의 숨겨진 것으로 구성된다.

Everything in nature contains all the power of nature. Everything is made of one hidden stuff.

자연은 언제나 똑같지 않게
변하는 구름이다.

Nature is a mutable cloud which
is always and never the same.

내 창가 밑에서 자란 장미는 이전에 핀 장미나 더
예쁜 장미와는 아무 관련이 없다. 그 장미는 존재
자체로 지금 당장 하나님과 공존한다. 그 장미는
시간을 의식하지 않는다. 그저 장미라는 것이 있을
뿐인데, 그것은 존재하는 매 순간 완벽하다.

These roses under my window make no reference to
former roses or to better ones; they are for what they
are; they exist with God to-day. There is no time to
them. There is simply the rose; it is perfect in every
moment of its existence.

하늘은 눈을 위한 일용할 양식이다.

The sky is the daily bread of the eyes.

자연을 사랑하는 사람은 의식이 내적으로나 외적으로
적절히 조절되고, 어린 시절의 정신이 성인이 되어서도
유지되는 사람이다. 하늘 및 땅과의 소통을 일용할
양식으로 삼는 사람이다.

The lover of nature is he whose inward and outward
senses are still truly adjusted to each other; who
has retained the spirit of infancy even into the era
of manhood. His intercourse with heaven and earth,
becomes part of his daily food.

가장 행복한 사람은 자연으로부터 숭배의 교훈을
터득한 사람이다.

The happiest man is he who learns from nature the
lesson of worship.

"너 자신을 알라"는 고대 격언과 "자연을 공부하라"는
현대 격언이 마침내 하나의 좌우명으로 합쳐졌다.

The ancient precept, "Know thyself", and the modern
precept, "Study nature", become at last one maxim.

시간을 초월하여 지금 당장 자연과 더불어 살지 않는
한 인간은 행복해질 수도 강해질 수도 없다.

He cannot be happy and strong until he too lives with
nature in the present, above time.

자연은 결코 천박한 모습을 하지 않는다. 가장 현명한 사람일지라도 자연의 비밀을 억지로 알아내려 하지 않으며, 자연이 완벽한 이유를 밝혀내서 호기심을 잃어버리는 짓을 하지 않는다.

Nature never wears a mean appearance. Neither does the wisest man extort her secret, and lose his curiosity by finding out all her perfection.

태양은 인간의 눈을 향해 비추지만, 그 빛은 어린아이의 눈과 가슴에서만 돋보인다.

The sun illuminates only the eye of the man, but shines into the eye and the heart of the child.

잡초란? 유익한 점들이 아직 드러나지 않은 식물이다.

What is a weed? A plant whose virtues have not yet been discovered.

자연은 지혜로운 사람에겐 결코 장난감이 될 수 없다. 꽃, 동물, 산은 지혜로운 사람이 최전성기에 도달했을 때 얻는 지혜를 깨닫게 해준다. 자연은 어린아이의 단순함을 좋아한다.

Nature never became a toy to a wise spirit. The flowers, the animals, the mountains, reflected the wisdom of his best hour, as much as they had delighted the simplicity of his childhood.

진심으로 말하는데, 자연을 볼 수 있는 사람은 거의 없다. 대부분의 사람이 태양을 쳐다보지 못한다. 그저 피상적인 시각을 갖고 있을 뿐이다.

To speak truly, few adult persons can see nature. Most persons do not see the sun. At least they have a very superficial seeing.

어린이를 존중하라. 기다렸다가 자연에서 태어나는 새로운
생명을 보라. 자연은 비슷한 것을 좋아하지만 똑같은 것을
반복하지는 않는다.

Respect the child. Wait and see the new product of Nature.
Nature loves analogies, but not repetitions.

내 시를 바람에 걸었으니 시간과 조수의 결점이
발견될지도 모른다.

I hung my verses in the wind, time and tide their
faults may find

높은 단계, 즉 영적 요소는 완벽을 위해선 반드시 필요하다. 여성스럽지 않으면서도 사랑받을 수 있는 고귀하면서도 신성한 아름다움은 인간의 의지에 따라 찾을 수 있다. 아름다움은 하나님이 미덕 위에 세우신 표시다. 모든 자연의 움직임이 감사하다. 모든 영웅적 행동은 품위가 있어서 그 일이 벌어진 장소와 구경꾼들을 빛나게 한다. 우리는 우주가 그 안에 있는 모든 개인의 재산이라는 것을 위대한 행동으로 배웠다. 모든 인간에게 자연은 유산이자 재산이다.

The presence of a higher, namely, of the spiritual element is essential to its perfection. The high and divine beauty which can be loved without effeminacy, is that which is found in combination with the human will. Beauty is the mark God sets upon virtue. Every natural action is graceful. Every heroic act is also decent, and causes the place and the bystanders to shine. We are taught by great actions that the universe is the property of every individual in it. Every rational creature has all nature for his dowry and estate.

인류의 종말은 결국 문명의 죽음이다.

The end of the human race will be that
it will eventually die of civilization.

08

배려와 우정

사랑하라. 그러면 사랑을 받게 될 것이다.

세상을 위하는 마음이 없다면 두 사람 사이에는 진정한
평화도 상호 존중도 없다.

There can never be deep peace between two spirits, never
mutual respect until, in their dialogue, each stands for the
whole world.

미덕의 유일한 보상은 미덕이며, 친구를 사귀는 유일한
방법은 친구가 되는 것이다.

The only reward of virtue is virtue; the only way to have a
friend is to be one.

자녀를 존중하라. 지나치게 간섭하는 부모가
되지 말라. 자녀의 고독을 침해하지 말라.

Respect the child. Be not too much his parent.
Trespass not on his solitude.

나는 25·30년 동안 독창성에 대한 글을 쓰고 강의를
해왔지만 지금은 단 한 명의 제자도 없다. 왜냐고? 그건
내 말이 사실이 아니기 때문이 아니고, 영리한 사람을 찾지
못했기 때문도 아니다. 나에게 사람이 오는 것은 내 소망에
의해서가 아니라 그 사람의 뜻에 달려 있기 때문이다.

I have been writing and speaking what were once called
novelties, for twenty five or thirty years, & have not now one
disciple. Why? Not that what I said was not true; not that it
has not found intelligent receivers but because it did not go
from any wish in me to bring men to me, but to themselves.

평화는 폭력으로 이루어지지 않고, 이해를
통해서만 이루어진다.

Peace cannot be achieved through violence, it
can only be attained through understanding.

사랑에 빠진 사람은 현명하면서 더 현명해지고, 사랑하는 상대를 볼 때마다 새로운 것을 발견하며, 눈과 마음으로 그 사람이 품은 장점들을 끄집어낸다.

He who is in love is wise and is becoming wiser, sees newly every time he looks at the object beloved, drawing from it with his eyes and his mind those virtues which it possesses.

어린이는 모두 외국인이다. 우리는 그들을 그렇게 대한다. 우리는 그들의 언어, 생활 양식을 이해하지 못한다. 그만큼 우리의 교육은 (실제와) 거리가 멀고, 비본질적이며, (현실에) 적용할 수도 없다.

Children are all foreigners. We treat them as such. We cannot understand their speech or their mode of life, and so our Education is remote and accidental and not closely applied to the fact.

친구의 울림이 되기보다는 그 친구 곁에서 쐐기풀이
되는 것이 낫다. 고차원적인 우정의 조건은 우정을
떠들지 않고 곁에 있어주는 능력이다.

Better be a nettle in the side of your friend than his echo.
The condition which high friendship demands is ability to
do without it.

사랑하라. 그러면 사랑을 받게 될 것이다

Love and you shall be loved.

아름답고 행복한 어린이를 보고 있으면 가슴이
터질 것 같은 기쁨을 느낀다.

We find delight in the beauty and happiness of
children that makes the heart too big for the body.

친구는 나 자신을 보여주고 설명하는 거울일 뿐이다.
우리에게 동료를 더 가깝게 끌어당긴다는 것은 우리의
깊은 마음이 다른 사람의 깊은 마음에 대답한다는 의미다.
그러한 과정을 통해 우리 사이에는 하나의 공통된 본성,
즉 모든 사람들이 영위하는 하나의 생명 곧 신성이
존재한다는 것을 알게 된다.

Friends seem to be only mirrors to draw out and
explain to us ourselves; and that which draws us
nearer our fellow man, is, that the deep Heart in
one, answers the deep Heart in another, — that
we find we have (a common Nature) — one life
which runs through all individuals, and which is
indeed Divine.

우정은 삶과 죽음의 모든 관계와
통로를 통해 도움과 위안을 준다.

Friendship is for aid and
comfort through all the
relations and passages of life
and death.

우정은 종교적 차원에서 접근해야 한다.
우리는 친구를 고르는 방법에 대해
이야기를 하지만, 친구란 자기가 먼저
다가서야 한다. 그러기 위해서는 존경심을
갖는 것이 아주 중요하다.

Friendship demands a religious
treatment. We talk of choosing our
friends, but friends are self-elected.
Reverence is a great part of it.

오랜 친구들에게 어리석은
언행을 할 수 있다는 것은
축복 중 하나다.

It is one of the blessings
of old friends that you
can afford to be stupid
with them.

우정의 본질은 온전성, 즉
전적인 관대함과 신뢰다.

The essence of friendship
is entireness, a total
magnanimity and trust.

어떤 게임이든 우리는 우리 자신과 게임을
하지 말고, 마지막 정직과 진실이 점철된
사생활을 유지해야 한다.

Whatever games are played with
us, we must play no games with
ourselves, but deal in our privacy with
the last honesty and truth.

우정은 평온한 날, 우아한 선물 그리고
시골길 산책에 어울리지만 거친 길, 난관,
파산, 핍박이라는 단어에도 필요하다.

It is fit for serene days, and graceful
gifts, and country rambles, but
also for rough roads and hard fare,
shipwreck, poverty, and persecution.

우리는 일상의 필요와 각자의 업무를 서로 존중해야 한다.
용기, 지혜, 단결로 그러한 자세를 더욱 강화해야 한다.

We are to dignify to each other the daily needs and offices of
man's life, and embellish it by courage, wisdom and unity.

나는 유행하는 세속적 동맹에 끼어들기 위해 우정을
타락시키는 것을 증오한다.

I hate the prostitution of the name of friendship to signify
modish and worldly alliances.

우정은 평범하고 안정된 것에 빠지지 않아야
하며, 방심하지 않고 창의적으로 힘든 삶에
운율과 이성을 덧입히는 것이어야 한다.

It should never fall into something usual and
settled, but should be alert and inventive, and add
rhyme and reason to what was drudgery.

나는 친구가 성공하면 마치 나의 업적인 양 그의 성공에
일조라도 한 것처럼 자긍심을 느낀다. 나는 친구가 칭찬을
받으면 마치 나의 약혼자가 박수를 받기라도 한 것처럼
기분이 좋아진다,

I must feel pride in my friend's accomplishments as if they were
mine, and a property in his virtues. I feel as warmly when he
is praised, as the lover when he hears applause of his engaged
maiden.

삶의 목적은 사람과 친교를 맺으면서 그가 어떤 과학이나
예술 또는 어떤 행동에 관련돼 있더라도 그 사람의 마음속
어두운 구석에 빛을 비추는 것이다.

The purpose of life seems to be to acquaint a man with himself
and whatever science or art or course of action he engages in
reacts upon and illuminates the recesses of his own mind.

대화는 원을 그리는 게임이다. 대화를 하다 보면
침묵의 원인을 근절시킨다.

Conversation is a game of circles. In conversation we pluck
up the termini which bound the common of silence on
every side.

좋은 사람을 선택하지 말고 당신을 더 좋게
만들어줄 사람을 선택하라.

Don't choose the better person, choose the person
who makes a better you.

나는 우정을 섬세하게 대하지 않고 가장 거친
용기로 대하고 싶다. 진짜 우정은 유리나 서리처럼
약한 것이 아니라 가장 단단한 것이다.

I do not wish to treat friendships daintily, but with
roughest courage. When they are real, they are not
glass threads or frost-work, but the solidest thing we
know.

좋은 사람의 영향력은 우리가 그 사람을 떠나고 난 뒤에야
느껴진다.

The best effect of fine persons is felt after we have left their
presence.

냉소적인 사람은 단 한마디의 말로 분위기를 냉각시키고
낙담시킬 수 있다.

A cynic can chill and dishearten with a single word.

친구를 자연의 걸작이라 불러도 된다.

A friend may well be reckoned the masterpiece of nature.

모든 인간은 사랑하는 사람을 사랑한다.

All mankind love a lover.

당신이 좋은 집을 지으면 그 집의 주인이 생기면서
당신에게는 평생 일할 거리가 생긴다. 그 집에
가구를 제공하고, 그 집을 관리하고, 보여주고,
수리하게 되는 것이다.

A man builds a fine house; and now he has a master,
and a task for life: he is to furnish, watch, show it,
and keep it in repair, the rest of his days.

왕을 공격하고자 한다면 반드시 그를 죽여야 한다.

When you strike at a king, you must kill him.

※ 이 말은 마키아벨리의 《군주론》에서 비롯되었다. 원수를 대할 때는
   대접을 잘해주어 후환이 없게 하거나, 두려워서 감히 복수할 엄두를
   내지 못하도록 완벽히 짓밟아야 한다는 것이다.

더 즐겁고, 더 좋은 성격으로 대하면
그만큼 더 많은 것을 얻게 된다.

So is cheerfulness, or a good temper,
the more it is spent, the more remains.

우정은 예의와 존경을 수반해야 하며 구석으로 몰아넣어서는
안 된다. 우정은 가련하고도 바쁜 사람들이 생각하는 것보다
더 많은 시간을 필요로 한다.

Friendship should be surrounded with ceremonies and respects,
and not crushed into corners. Friendship requires more time than
poor busy men can usually command.

오늘 아침, 나는 오랜 친구와 새로운 친구들에게
경건한 고마움을 느끼면서 잠자리에서 일어났다.

I awoke this morning with devout thanksgiving for
my friends, the old and the new.

한 알의 재치는
한 알의 어리석음이기도 하다.

For every grain of wit
there is a grain of folly.

우정의 또 다른 요인은 온건함이다. 우리는 다양한 고리, 혈연, 자긍심, 공포, 희망, 이해관계, 욕망, 증오, 존경, 다양한 상황, 배지(badge), 그 밖의 하찮은 것들로 다른 사람들과 연결되어 있다. 하지만 우리는 다른 사람의 사랑으로 그 사람에게 끌려가는 것 못지않게 그 사람에게는 수많은 인격이 숨어 있다는 것을 거의 의식하지 못한다.

The other element of friendship is tenderness. We are holden to men by every sort of tie, by blood, by pride, by fear, by hope, by lucre, by lust, by hate, by admiration, by every circumstance and badge and trifle, but we can scarce believe that so much character can subsist in another as to draw us by love.

사람들을 믿으면 그들은 당신을 진실로 대할 것이다. 그들을 공대하면 그들이 당신을 공대할 것이다.

Trust men and they will be true to you; treat them greatly, and they will show themselves great.

나는 사회를 비난하고 고독을 좋아하지만
종종 나의 문을 지나가는 현명하고,
사랑스럽고, 고귀한 영혼을 지닌 사람을
보지 않을 만큼 차가운 사람은 아니다.

I chide society, I embrace solitude, and yet I
am not so ungrateful as not to see the wise,
the lovely and the noble-minded, as from
time to time they pass my gate.

친구는 내가 진실로 대할 수 있는
사람이다. 나는 그에게 내 생각을
큰 소리로 말할 수 있다.

A friend is a person with whom I
may be sincere. Before him I may
think aloud.

친구와 맺을 수 있는 가장 높은 단계의 약속은
"우리 사이에 영원히 진실만 있도록 하자"다.

The highest compact we can make
with our fellow is, "Let there be truth
between us two forever more".

당신이 숨기는 사랑은 당신이 지니고 갈
고통이다.

The love that you withhold is the pain
that you carry.

천 명의 친구가 있는 사람에겐 진실로 아끼는 친구가
없다. 단 한 명의 적만 있는 사람은 어디를 가도 그와
마주치게 된다.

He who has a thousand friends has not a friend to spare,
and he who has one enemy will meet him everywhere.

두 사람이 대화하는 동안 한 사람은 들을 수
있지만, 세 사람이 대화를 하면 가장 진실되고
탐색적인 대화에 참여할 수 없다.

Two may talk and one may hear, but three cannot
take part in a conversation of the most sincere and
searching sort.

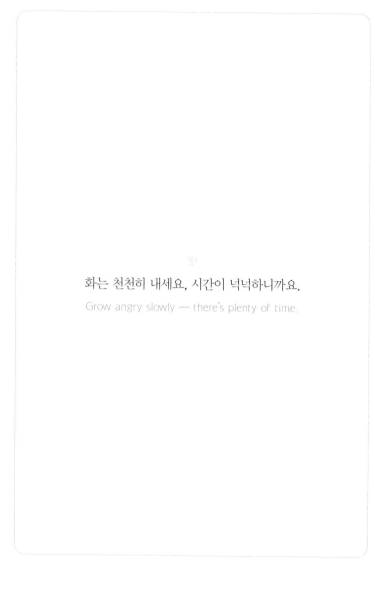

화는 천천히 내세요, 시간이 넉넉하니까요.

Grow angry slowly — there's plenty of time.

09

운명과 진실

인생은 여행이지 목적지가 아니다.

우리는 우리의 앞길을 가로막는 것을 운명이라 부른다.

Whatever limits us we call fate.

발전은 식물 봉오리처럼 전개된다. 식물에 뿌리,
봉오리, 열매가 있듯 인간에게는 우선적으로 본능이
있고, 그다음엔 의견, 그다음엔 지식이 있다.

All our progress is an unfolding, like the vegetable
bud. You have first an instinct, then an opinion, then a
knowledge, as the plant has root, bud, and fruit.

오해를 받는 것이 그렇게 나쁜 것일까? 피타고라스,
소크라테스, 예수, 루터, 코페르니쿠스, 갈릴레오,
뉴턴도 오해를 받았다. 육체를 가진 모든 순수하고
현명한 영혼들이 그러했다.

Is it so bad then to be misunderstood? Pythagoras was
misunderstood, and Socrates, and Jesus, and Luther, and
Copernicus, and Galileo, and Newton, and every pure
and wise spirit that ever took flesh. To be great is to be
misunderstood.

당신의 생각을 믿는 것, 당신의 마음속에서 진실이라고
믿어지는 것을 믿는 것이야말로 모든 사람들의
신리이며, 그렇게 하는 것이 천재가 되는 길이다.

To believe your own thought, to believe that what is true
for you in your private heart is true for all men — that is
genius.

진실은 인간의 가장 기본적인 요소다.

Truth is our element.

진실, 선함과 아름다움은 각기 다른 얼굴을
하고 있지만 실상은 같은 것이다.

Truth, and goodness, and beauty are but different
faces of the same all.

진실에 대한 최대의 경의는 그걸 사용하는 것이다.

The greatest homage we can pay to truth is to use it.

인간의 삶은 모든 원이 그려지면 그곳에서 다른
원이 그려질 수 있다는 진리에 비하면 보잘것없다.
자연에는 끝이 없다. 모든 끝이 시작이고, 모든
깊은 곳에선 그보다 더 깊은 곳으로 들어가는
문이 열린다.

Our life is an apprenticeship to the truth that around
every circle another can be drawn; that there is no
end in nature, but every end is a beginning, and
under every deep a lower deep opens.

인생에 그림자가 있는 것은
우리가 햇빛을 받으며 서 있기 때문이다.

Most of the shadows of this life are caused by our
standing in our own sunshine.

진실은 사랑의 향기보다 훌륭하다.

Truth is handsomer than the affectation of love.

제대로 된 역사는 없다.
다만 인간의 전기만 있을 뿐이다.

There is properly no history; only biography.

인생은 진행하는 것이지 정거장이 아니다.

Life is a progress, and not a station.

하나님은 모든 인간에게 진리와 휴식 중
하나를 선택할 권리를 주신다.

God offers to every mind its choice between
truth and repose.

원은 영혼처럼 결코 끝나는 법 없이 단 한 번도
쉬지 않고 돌고 또 돈다.

Circles, like the soul, are never-ending and turn round
and round without a stop.

우리는 건강할 때 우리 자신과 사명을 망각한다.
우리는 일시적인 질병에 시달리면서 그러한 점을
기억하게 된다.

We forget ourselves and our destinies in health, and the
chief use of temporary sickness is to remind us of these
concerns.

우주 속의 모든 것은 직선적이 아니고 우회적이다.

Everything in the universe goes by indirection. There are
no straight lines.

당신이 태어났을 때, 당신은 울었지만
다른 사람들은 미소를 지었다. 하지만
세상을 떠나는 순간, 다른 사람들은 울고
당신은 미소를 짓는 그런 삶을 살라.

When you were born you were
crying and everyone else was
smiling. Live your life so at the
end, your're the one who is smiling
and everyone else is crying.

인생은 여행이지 목적지가 아니다.

Life is a journey, not a destination.

어떤 곳에서의 진실은 어디를 가더라도 진실이다.

What is true anywhere is true everywhere.

중요한 것은 삶의 길이가 아니라 삶의 깊이다.

It is not length of life, but depth of life.

그 어떤 것도, 그 어떤 날씨도 다 받아들여야
한다. 그래야만 1년이란 세월이 흐르게 되고
자기 할 일을 하게 되는 것이다.

But all sorts of things and weather must be taken
in together to make up a year, and a sphere.

현실은 보고서보다 뛰어나다.

The reality is more excellent than the report.

상식은 작업복을 입은 천재다.

Common sense is genius dressed in
its working clothes.

우리는 글자만 공부하는 학생이다. 10년에서 15년
동안 학교, 대학, 암송실에 갇혀 있다가 한 줌의
허풍과 암기한 글을 갖고 세상에 나오지만, 세상에
대해선 아무것도 모른다.

We are students of words: we are shut up in schools,
and colleges, and recitation-rooms, for ten or fifteen
years, and come out at last with a bag of wind, a
memory of words, and do not know a thing.

폭력은 힘이 아니라 힘이 없는 것이다.

Violence is not power, but the absence
of power.

사람들은 세계에 대한 자신의 의견으로
개성이 드러난다는 것을 인식하지 못한다.

People do not seem to realize that
their opinion of the world is also a
confession of character.

나는 신문에서 옹호받는 것을 싫어한다.
모든 것이 나에게 불리하다고 말하는 한 나는
성공에 대해 확신한다. 그러나 나를 위해 꿀
같은 찬사가 나오는 순간, 나는 원수들 앞에
무방비 상태라는 느낌이 든다.

I hate to be defended in a newspaper.
As long as all that is said is said
against me, I feel a certain assurance
of success. But as soon as honeyed
words of praise are spoken for me, I
feel as one that lies unprotected before
his enemies.

그는 생각하지 않는 사람이라서 도서관이 필요 없다. 그는 예언자이기 때문에 교회가 필요 없다. 그는 법을 만드는 국회의원이기 때문에 법전이 필요 없다. 그는 가치가 있는 사람이기 때문에 돈이 필요 없다. 그는 집에 머무르기 때문에 길이 필요 없다.

He needs no library, for he has not done thinking; no church, for he is himself a prophet; no statute book, for he hath the Lawgiver; no money, for he is value itself; no road, for he is at home where he is.

네 마음의 진실성 외에는 그 무엇도 신성시될 수 없다. 당신 자신을 용서하라. 그러면 세상에 대한 참정권을 갖게 될 것이다.

Nothing is at last sacred but the integrity of your own mind. Absolve you to yourself, and you shall have the suffrage of the world.

할 수 있는 것을 하라. 여름엔 파리가
꼬이고, 숲속을 거닐면 모기에 물리며,
낚시를 하면 옷이 젖는 게 당연하다.

Do what we can, summer will
have its flies: if we walk in the
woods, we must feed mosquitos:
if we go a-fishing, we must
expect a wet coat.

결국 얼마나 긴 세월을 살았느냐가
중요한 것이 아니라 그 세월 동안
어떻게 살았느냐가 중요하다.

And in the end, it's not the
years in your life that count.
It's the life in your years.

인생은 이해하기 위해 살아야
하는 교훈의 연속이다.

Life is a succession of
lessons, which must be
lived to be understood.

모든 사람에게 사랑을 전하십시오.

당신의 마음을 따르십시오.

우정, 일가친척, 나날,

새산, 명예,

계획, 신용 그리고 영감.

그 어떤 것도 거부하지 마세요.

Give all to love;
Obey thy heart;
Friends, kindred, days,
Estate, good fame,
Plans, credit, and the muse;
Nothing refuse.

당신이 나를 끌어올리기 위해선 나보다 더 높은
위치에 있어야 한다. 당신이 나에게 자유를 주려면
당신이 먼저 자유인이어야 한다. 나의 잘못을 지적하길
원한다면 진실된 생각으로 사실을 제시하라. 그러면
나는 새로운 확신에서 돌아갈 수 없게 된다.

If you would lift me you must be on higher ground. If you
would liberate me you must be free. If you would correct
my false view of facts, — hold up to me the same facts in
the true order of thought, and I cannot go back from the
new conviction.

좋은 것은 약점, 결함과도 친분을 맺는다. 자신에게
전혀 해롭지 않은 자랑거리가 존재하지 않듯
자신에게 유익하지 않은 결점만 가진 사람은 있을
수 없다.

The good are befriended even by weakness and
defect. As no man had ever a point of pride that was
not injurious to him, so no man had ever a defect that
was not somewhere made useful to him.

비난을 받는 것이 칭찬을 듣는 것보다 안전하다.

Blame is safer than praise.

인생은 실에 꿴 구슬 같은 감정의 연속이다.
우리가 그것들을 스치면서 보니 다양한 색의
렌즈들이다. 렌즈들은 각각의 색으로 칠해진
세상을 보여주는데, 각 렌즈들은 자신의 초점
안에 들어온 것들만 보여줄 뿐이다.

Life is a train of moods like a string of
beads: and as we pass through them they
prove to be many colored lenses, which
paint the world their own hue, and each
shows us only what lies in its own focus.

당신이 진실하되 그 진실이 나와 같은 것이
아니라면 당신의 동료들에게 외쳐라. 나는
이기적이지 않게, 겸손하고 진실되게 나의
진리를 찾을 것이다. 진리는 당신과 나에게
유익하다. 아무리 오랫동안 거짓된 삶을
살아왔더라도 모든 인간은 진실된 삶을
살아야 한다.

If you are true, but not in the
same truth with me, cleave to your
companions; I will seek my own. I do
this not selfishly, but humbly and truly.
It is alike your interest, and mine, and
all men's, however long we have dwelt
in lies, to live in truth.

진흙과 쓰레기 더미에서도 항상 노래 부르는
것은 있게 마련이다.

Even in the mud and scum of things,
something always, always sings.

활동적인 영혼은 절대적인 진리만 본다. 진실을
말하고 진실을 창조해낸다.

The soul active sees absolute truth; and utters truth,
or creates.

나는 마침내 사람들이 떨쳐내기 힘들어하는 위선,
겉치레, 딴생각이라는 가면을 벗어버리고 단순함과
진실함으로 사람을 대해 화학적 원자처럼 서로를
만나게 되는 단계에 이르렀다.

I am arrived at last in the presence of a man so real
and equal that I may drop even those undermost
garments of dissimulation, courtesy, and second
thought, which men never put off, and may deal with
him with the simplicity and wholeness, with which one
chemical atom meets another.

강함은 약함에서 나온다.

Our strength grows out of
our weakness.

하나를 잃으면 다른 것을 얻고, 하나를 얻으면 다른 것을 잃는다.

For every thing you have missed, you have gained something else; and for everything you gain, you lose something else.

진리에 맞서 싸우기 전에는 어떤 사람도 진리를 철저히 이해하지 못한다. 따라서 자신의 욕구를 놓고 하나로부터는 고통을 받고, 다른 하나로부터는 성공을 거두게 될 때까지는 인간의 장애와 재능을 완전히 이해하지 못한다.

No man thoroughly understands a truth until he has contended against it, so no man has a thorough acquaintance with the hindrances or talents of men, until he has suffered from the one, and seen the triumph of the other over his own want of the same.

좋고 나쁨, 좋아짐과 나빠짐의 의미는 도움이 되느냐
해를 끼치느냐로 가려진다.

The meaning of good and bad, of better and worse, is
simply helping or hurting.

모든 인생은 실험이다. 실험을 하면 할수록 그만큼
인생이 개선된다.

All life is an experiment. The more experiments you
make the better.

진리를 따라가면 진리는 우리를
마침내 안전한 곳으로 인도한다.

If we follow the truth,
it will bring us out safe at last.

10

사회와 정치

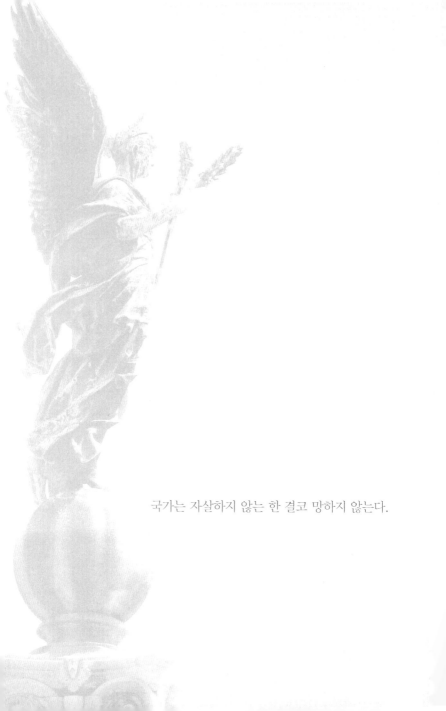

국가는 자살하지 않는 한 결코 망하지 않는다.

아침이 되면 도덕의식은 아름다움과 힘의 오래된 원천에서
생기를 얻어 다시 떠오른다.

The moral sense reappears today with the same morning newness
that has been from of old the fountain of beauty and strength.

사회는 물결이다. 물결은 앞으로 나아가지만 물결을
형성하는 물은 그렇지 않다.

Society is a wave. The wave moves onward, but the water
of which it is composed does not.

교파와 정당은 생각의 고통에서 사람을 구하는
세련된 미행자다.

A sect or party is an elegant incognito devised to save
a man from the vexation of thinking.

정부가 작으면 작을수록, 법률이 적으면 적을수록, 신탁한
권력이 적으면 적을수록 그만큼 좋다.

The less government we have, the better — the fewer laws, and
the less confided power.

국가는 자살하지 않는 한 결코 망하지 않는다.

A nation never falls but by suicide.

나라를 둘로 갈라놓는 보수당과 개혁당은 너무 오래되었다.
그들은 세상이 창조된 이래 세상을 어떻게 소유할 것인가를
놓고 싸워왔다.

The two parties which divide the state, the party of
Conservatism and that of Innovation, are very old, and have
disputed the possession of the world ever since it was made.

보수주의는 인간이 인정한 한계를 토대로 하고 개혁은
논쟁의 여지가 없는 무한(無限)을 토대로 한다. 보수주의는
환경에 근거하고 진보주의는 권력을 근거로 한다. 한쪽은
노련한 사회의 일원을 만드는 것이고, 다른 하나는 모든 것을
개인에게 일임한다. 보수주의는 즐거운 것이고, 개혁주의는
개인적이면서 비장하다.

Conservatism stands on man's confessed limitations; reform on his
indisputable infinitude; conservatism on circumstance; liberalism on
power; one goes to make an adroit member of the social frame;
the other to postpone all things to the man himself; conservatism
is debonnair and social; reform is individual and imperious.

개혁은 긍정적이고 보수주의는 부정적이다.
보수주의는 위안을 목표로 하지만 개혁은 진리를
목표로 한다.

Reform is affirmative, conservatism negative;
conservatism goes for comfort, reform for truth.

모든 사회는 각각의 구성원이 개성을 드러내지 못하게 음모를 꾸민다.

Society everywhere is in conspiracy against the manhood of everyone of its members.

문명은 인구, 도시 규모, 농작물 등으로 판단할 수 없다. 문명은 그 나라가 어떤 사람들을 배출했는가로 평가할 수 있다.

The true test of civilization is, not the census, nor the size of the cities, nor the crops — no, but the kind of man the country turns out.

보수의 주장에는 어떤 사실성에 대한 우월성과 결합한 비열함이 내재돼 있다.

There is always a certain meanness in the argument of conservatism, joined with a certain superiority in its fact.

온 국민이 애국심을 목청껏 외치고
있을 때 나는 국민의 손의 청결함과
심장의 순수함을 찾고자 한다.

When a whole nation is roaring
Patriotism at the top of its
voice, I am fain to explore the
cleanness of its hands and the
purity of its heart.

선거를 멀리하는 사람들은 한 표를 행사해 봤자
도움이 되지 않을 것이라고 생각한다. 하지만
그보다 한발 앞선 것은 한 표를 행사해도 해가
되지 않는다고 생각하는 것이다.

Those who stay away from the election
think that one vote will do no good: 'Tis
but one step more to think one vote will
do no harm.

보수주의는 다른 사람의 가치를 확인하는 데
더 솔직하다. 개혁은 자신의 가치를 유지하면서
증진하고 싶어 한다.

Conservatism is more candid to behold
another's worth; reform more disposed to
maintain and increase its own.

지성은 줏대가 없고 우리의 교육 시스템은 불안을
조장한다.

The intellect is vagabond, and our system
of education fosters restlessness.

대중은 무례하고, 구차하고, 성숙해지지 않으며,
해로운 요구를 하면서 영향력을 발휘한다. 그들에게
필요한 것은 아첨이 아니라 교육이다. 나는 그들에게
양보하는 대신 그들을 정신 차리게 하고, 교육하고,
분리되고, 서로 갈라서서 집단으로부터 각자의
정체성을 찾도록 유도하길 바란다.

Masses are rude, lame, unmade, pernicious in their
demands and influence, and need not to be flattered, but
to be schooled. I wish not to concede anything to them,
but to tame, drill, divide, and break them up, and draw
individuals out of them.

우리가 기꺼이 빛을 비추는 그림 앞에 설 때와
마찬가지로 우리는 사람에게 예의를 갖춰야 한다.

We must be as courteous to a man as we are to a
picture, which we are willing to give the advantage of
a good light.

사상은 모두 빛이라서 우주에 자신의 존재를 기록한다.
당신이 아둔하더라도 사상은 자신만의 경이로운
방법으로 말한다. 사상은 당신의 행동, 매너 그리고
얼굴에서 흘러나온다.

Thought is all light, and publishes itself to the
universe. It will speak, though you were dumb,
by its own miraculous organ. It will flow out of
your actions, your manners, and your face.

좋은 변호사는 모든 면에 안목이 있고 만일의 사태에
대비해서 모든 자격을 갖춘 사람이 아니라 당신을 곤경에서
구하기 위해 진심으로 당신 편으로 몸을 던지는 사람이다.

The good lawyer is not the man who has an eye to every side
and angle of contingency, and qualifies all his qualifications, but
who throws himself on your part so heartily, that he can get you
out of a scrape.

인간은 봄과 여름엔 개혁자지만 가을과 겨울엔
오래된 것을 따른다. 즉, 아침엔 개혁자지만 밤엔
보수주의자다.

We are reformers in spring and summer; in autumn
and winter, we stand by the old; reformers in the
morning, conservers at night.

위대한 하나님이 사상가를 이 땅에 풀어놓으실 때를
조심하라. 그땐 모든 것이 위험에 빠진다. 대도시에 큰불이
일어날 때처럼 사람은 무엇이 안전한지, 불이 어디서
꺼질지를 모른다. 과학적인 소리는 아니지만 내일엔
상황이 바뀔 수 있다. 수정되지 않거나 비판받지 않는
문학적 명성, 즉 영원한 명성이란 것은 없다. 인간의 희망,
마음에서 뿜어 나오는 생각, 국가의 종교, 인간의 매너와
도덕은 어떻게 일반화를 새롭게 하느냐에 달려 있다.
일반화는 마음을 향한 신성(神性)의 새로운 유입이다. 그
과정에서 전율이 느껴진다.

Beware when the great God lets loose a thinker on this planet.
Then all things are at risk. It is as when a conflagration has
broken out in a great city, and no man knows what is safe, or
where it will end. There is not a piece of science, but its flank
may be turned to-morrow: there is not any literary reputation,
not the so-called eternal names of fame, that may not be
revised and condemned. The very hopes of man, the thoughts
of his heart, the religion of nations, the manner and morals
of mankind, are all at the mercy of a new generalization.
Generalization is always a new influx of the divinity into the
mind. Hence the thrill that attends it.

저녁에 나를 찾아오는 사람은
시계가 없어도 내 얼굴에서
시간을 알 수 있다.

My evening visitors,
if they cannot see the
clock should find the time
in my face.

모든 국가가 부패했다. 따라서 선한 사람은
법을 너무 잘 지켜서는 안 된다.

Every actual State is corrupt. Good
men must not obey laws too well.

유감스럽게도 여론에는 말도 안 되는 것들이 너무 많이 들어가 있다. 종교든 정치든 과학이든 예절이든 그 어떤 부분에서도 그처럼 부조리가 심하지 않을 뿐만 아니라 또 퍼져나가지도 않는다.

Public opinion, I am sorry to say, will bear a great deal of nonsense. There is scarcely any absurdity so gross, whether in religion, politics, science or manners, which it will not bear.

한 나라를 다수의 사람을 보고 판단할 것인가 아니면 소수의 사람을 보고 판단할 것인가? 물론 소수의 사람을 보고 판단해야 한다.

Shall we then judge a country by the majority, or by the minority? By the minority, surely.

자유가 없다면 쟁기와 돛이 무슨 소용이며, 땅과
생명이 그 무슨 소용이란 말인가?

For what avail the plough or sail, or land or life, if
freedom fail?

당신이 식사를 끝낸 이상 우아한 거리에 도살장이
아무리 용의주도하게 숨어 있더라도 당신은 그
도살장과 관련이 있다.

You have just dined, and however scrupulously the
slaughterhouse is concealed in the graceful distance of
miles, there is complicity.

영웅주의는 감정만 있고 이성을 따지지 않기 때문에
항상 옳은 것만 존재할 뿐이다.

Heroism feels and never reasons and therefore is
always right.

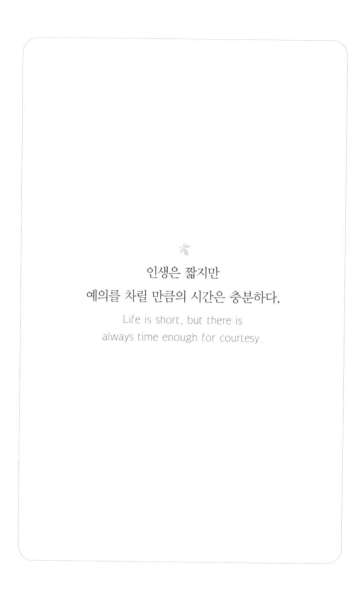

인생은 짧지만
예의를 차릴 만큼의 시간은 충분하다.

Life is short, but there is
always time enough for courtesy.

11

여행과 경험

몸이 집에 묶어 있을 때 정신은 여행을 한다.

나는 여행을 그리 옹호하는 사람이 아니다. 자기 나라에서의 신세가 만족스럽지 못하다고 다른 나라에 갔다가 거기서도 그리 성과를 내지 못해 고국으로 돌아오는 사람들이 있다.

I am not much an advocate for traveling, and I observe that men run away to other countries because they are not good in their own, and run back to their own because they pass for nothing in the new places.

여행은 바보가 꿈꾸는 천국이다. 첫 여행에서 우리가 방문하는 장소들이 차이가 없다는 것을 알게 된다.

Travelling is a fool's paradise. Our first journeys discover to us the indifference of places.

어떤 나라의 언어를 배우기 전에는 그 나라를 방문하면 안 된다. 그랬다간 무력하고 우스꽝스러운, 덩치만 큰 아기 취급을 받는다.

No man should travel until he has learned the language of the country he visits. Otherwise he voluntarily makes himself a great baby — so helpless and so ridiculous.

이탈리아, 영국, 이집트 같은 여행의 미신이 교양 있는 미국인에게 매력적으로 보이는 것은 자기 문화의 결핍 때문이다.

It is for want of self-culture that the superstition of travelling, whose idols are Italy, England, Egypt, retains its fascination for all educated Americans.

'세상을 알다' 또는 '여행하다' 라는 말은 어떻게 해석하든 유익함과 우월함과 같은 말이다. 여행이 유익하다는 것은 상식적으로 의심의 여지가 없다.

The phrase 'to know the world', or to travel, is synonymous with all men's ideas of advantage and superiority. No doubt, to a man of sense, travel offers advantages.

외국은 자신을 판단하기 위한 비교 지점이다.

A foreign country is a point of comparison, where
from to judge his own.

영혼은 나그네가 아니다. 현명한 사람은 집에
머물러 있다. 필요나 의무 때문에 집을 떠나 외국에
가더라도 그의 영혼은 집에 머무른다.

The soul is no traveler; the wise man stays at home,
and when his necessities, his duties, on any occasion
call him from his house, or into foreign lands, he is at
home still.

나는 사람이 우선 자기 나라에
익숙해지게 마련이라거나 자신이
아는 것보다 위대한 뭔가를 찾기
위해 외국으로 나가는 것이 아니라는
이유를 들면서 예술, 공부, 선행의
목적으로 세계를 여행하는 것을
무조건 반대하지는 않는다.

I have no churlish objection to
the circumnavigation of the
globe, for the purposes of art, of
study, and benevolence, so that
the man is first domesticated,
or does not go abroad with
the hope of finding somewhat
greater than he knows.

쾌락을 추구하거나 가지지 못한 것을 얻기 위해
여행을 하는 사람은 자아와 동떨어진 여행을 하는
사람으로서 다른 사람들보다 젊다 해도 사실은
늙은 사람이다.

He who travels to be amused, or to get somewhat
which he does not carry, travels away from himself,
and grows old even in youth among old things.

자기 나라에서 제 역할을 하지 못하는 사람은 외국에 나가지
말라. 그런 사람은 대중 속에서 자신의 무의미함을 감추기
위해 외국에 나가는 것이다.

He that does not fill a place at home, cannot abroad. He only
goes there to hide his insignificance in a larger crowd.

당신은 혹시 자기 나라에서 보지 못한 것을 타국에서는
볼 수 있으리라 생각하는가? 사실 어떤 나라에 있는 것은
다른 나라에도 있다.

You do not think you will find anything there which you have
not seen at home? The stuff of all countries is just the same.

몸이 집에 묶여 있을 때 정신은 여행을 한다.

Our minds travel when our bodies are forced to
stay at home.

사람이 땅을 소유하면 그 땅도 그를 소유하게
된다. 담대한 사람은 집을 떠나야 한다.

If a man own land, the land owns him. Now let
him leave home, if dare.

집에서 나는 나폴리, 로마의 아름다움에 취해 슬픔을 잊어버리는 꿈을 꾼다. 나는 여행 가방을 꾸린다. 친구들과 작별의 포옹을 한 뒤 배에 몸을 실으면 나폴리에서 깨어나지만, 내 옆에는 내가 도망친 이유가 되는 냉혹한 현실과 슬픈 자아가 누워 있다.

At home I dream that at Naples, at Rome, I can be intoxicated with beauty, and lose my sadness. I pack my trunk, embrace my friends, embark on the sea, and at last wake up in Naples, and there beside me is the stern fact, the sad self, unrelenting, identical, that I fled from.

자기신뢰

4×6판 | 양장본 | 본문 2도 | 값 12,000원

버락 오바마 미국 대통령의 애독서!

단순한 자기계발서 아닌,
삶에 대한 열정과 깊이 있는 통찰
미국의 지적 독립을 이룬 에머슨의 혜안
"진정한 변화의 원동력은 자기신뢰."

읽고 또 읽어야 할, 시대를 초월한 진정한 자기계발서!

버락 오바마 미국 대통령의 애독서

단순한 자기계발서 아닌,
삶에 대한 열정과 깊이 있는 통찰

소문난 독서광인 버락 오바마 미국 대통령이 밝힌 애독서 목록에는 랠프 월도 에머슨(Ralph Waldo Emerson:1803~1882)의 《자기신뢰》가 들어 있다. 오바마 대통령은 셰익스피어의 희곡, 허먼 멜빌의 《모비딕》 등과 함께 가장 즐겨 읽는 책으로 《자기신뢰》를 꼽았다.

세계적인 팝 가수 마이클 잭슨도 에머슨의 책을 무척 좋아한 것으로 언론에 보도되었다. 소장도서가 1만 권이 넘는다는 잭슨은 특히 에머슨으로부터 많은 영감을 받아, 가사에 그의 철학적 이념을 반영했다고 한다.

19세기의 한 사상가가 오늘날까지 많은 사람들의 마음을 사로잡는 이유는 무엇일까?

나의 인생계획

혼다 세이로쿠 지음 | 전형배 옮김 | 2도 인쇄 | 양장제본 | 값 12,000원

월급만으로 억만장자가 된 도쿄대 교수의
세상을 살아가는 지혜와 원칙

"그의 모든 성공은 만 25세에 세운 인생계획에서 비롯되었다."

일본 임학의 아버지로 불리며 오직 월급만으로 억만장자가 된 이 책의 저자 혼다 세이로쿠는 평범하기 짝이 없는 집안에서 태어났다. 그럼에도 불구하고, 누구나 부러워하고 스스로 만족할 만한 인생을 향유할 수 있었던 건 일찍부터 자신이 설계한 '인생계획'을 실천하려 노력했기 때문이다.

11세 때 아버지를 여의고 어려운 상황에서 고학했던 혼다 세이로쿠가 '평생의 이정표'로써 인생계획을 처음 마련한 것은, 독일 유학에서 돌아와 만 25세에 도쿄대학 조교수로 임명되었을 때이다. 이는 독일의 삼림경영이 합리적이고 경제적인 '임업계획'에 따라 질서정연하게 실행되는 것을 보고, 인생에도 계획이 필요함을 절감한 유학시절의 발상에 따른 것이었다.

긍정아, 너를 믿지 못하겠다

석필 지음 | 2도 인쇄 | 16,000원

긍정적 사고와 안정화 편향을 경계하라!

삶의 안정화와 행동하지 않는 긍정은 파멸의 지름길이다!
이 책 속의 어느 한 사례는 바로 지난날의 나와 나의
기업의 이야기이거나 앞으로 벌어질 일들일 수도 있다.

쫄지 마, 더 잘할 수 있어

석필 지음 | 2도 인쇄 | 14,000원

명언 속 진리를 실천하면 행복과 성공이 저절로!

쫄지 마, 더 이상 실패는 없어. 지금부터라도 시작하면 된다!

내가 살아보니 미루는 버릇은 살인자 못지않게 사악하다.
죽을 때까지 인간의 몸에서 떨어지지 않으려 한다.
내가 왜 이런 말을 하는지 알 사람은 다 안다.
미루는 버릇은 악귀처럼 달라붙어 우리를 지옥으로 끌고 간다.
그 악귀를 떨쳐내려면 스스로 그 악귀보다 더 지독해져야 한다.
이를 악물고 지금 당장 해야 할 일을 시작해야 하는 것이다.
그래야 산다.
– 저자의 말 중에서

★

하드워킹의 기적

인생을 바꾸는 하드워킹 명언 242가지

4×6판 | 2도 인쇄 | 값 15,000원

이 세상에 노력만 한 성공법칙은 없다!

어려운 시기엔 독종만이 살아남는다.
인생 성공은 오직 하드워킹뿐!
이 세상에 노력만 한 성공법칙은 없다!

★ 아이디어는 훔치고 모방할 수 있지만, 노력은 훔치고 베낄
수 없습니다

독종이라야 성공한다!
물류업체 아마존이 미국 최고 기업의 하나가 된 것은 우연이 아닙
니다. 초기에는 직원들이 일요일도 없이 하루 12시간 이상 일했고,
새벽 3시까지 상품을 배송하기도 했습니다.
설립자이자 최고경영자인 제프 베조스는 고등학교 시절부터 한번
마음먹은 일은 반드시 해내는 독종으로 불렸다고 합니다.
성공한 사람들은 예외 없이 죽을 각오로 일에 매달립니다.

－ 본문 중에서

새우와 고래가 함께 숨 쉬는 바다

세상을 밝히는 에머슨 명언 500
– 막막한 인생길에 빛이 되는 글들

지은이 | 랄프 왈도 에머슨
편역자 | 석필
펴낸이 | 황인원
펴낸곳 | 도서출판 창해

신고번호 | 제2019-000317호

초판 인쇄 | 2021년 10월 15일
초판 발행 | 2021년 10월 22일

우편번호 | 04037
주소 | 서울특별시 마포구 양화로 59, 601호(서교동)
전화 | (02)322-3333(代)
팩시밀리 | (02)333-5678
E-mail | dachawon@daum.net

ISBN 979-11-91215-24-3 (03320)

값 · 14,000원

Publishing Club Dachawon(多次元)
창해·다차원북스·나마스테